董宝珍◎著

熊市
价值投资的春天

第一部

经济日报出版社

CONTENTS 目录

目录 CONTENTS

开篇语

如果你真的想挣钱，就要在熊市里下注！

如果你很害怕熊市，说明你还没有真正理解股市，还不是一个真正理性的投资者，那么，你应该花点时间阅读本书。我确信，当你读完本书之后，你会笑对熊市，甚至会爱上熊市。

我向您保证，本书的书名《熊市 价值投资的春天》绝不是在我喝多了之后起的。熊市是投资的春天，这是我一贯的基本观点，也是一个百分之百的事实。您可能会非常奇怪，因为股价暴跌，熊市到处是悲惨的失败和痛苦的哭泣，此种情况下，怎么会是投资的春天呢？到处是人心惶惶，哀鸿遍野，草木皆兵，凭什么说熊市里更有利于投资，熊市里更适合投资？以下是我对熊市为什么是价值投资的春天的阐述：

价格下跌就已经把那些在基本面存在的潜在风险提前都反映了。可能的危机，可能的问题，都已经通过价格大幅下跌得到了充分的体现和反映。当市场进入熊市后，其实大部分风险已经释放了，熊市所以被称为熊市，往往是因为它已经经历过一场可怕的严重暴跌，没有发生暴跌就不会有熊市，暴跌的本质作用是释放风险。我们拿 2008 年底和 2007 年 10 月相比，所有的企业价格都便宜了 70%。一年的时间里，作为股价的基础——企业有这么大的变化吗？我们花钱买的是企业，不是买的票，我们是买的那个企业，那个厂子，那个生产线，那个企业的管理水平，那个企业产品的市场占有率。在 2007 年到 2008 年不到一年的时间里，这些价值要素就便宜了 70%，无论如何企业的真实情况并没有发生 70% 的衰退。企业还是那个企业，经营情况还和过去基本一样。价格下跌就已经把那些在基本面存在的风险释放和反映了。

6000点牛市时，中国平安、中国石油、贵州茅台对应的价格分别是148元、48元、220元；到2008年10月，中国平安、中国石油、贵州茅台对应的价格分别是26元，10元、100元。你在牛市里买1股中国平安，在熊市里可以买7股；在牛市里买1股茅台，在熊市里可以买2股；在牛市里买1股中国石油，在熊市里可以买5股。熊市让股票的价格越活越“年轻”，越来越低的价格对投资者是巨大的机会！

更重要的是，熊市里，一方面整体估值偏低，另一方面由于人气低迷，人心慌乱，一有风吹草动，市场就会下跌，而这种更进一步的下跌，已经是在不正常基础上的更不正常，其唯一的效果是制造真正的投资机会，制造安全边际。

熊市没有快钱，但熊市里有大量的真正的符合投资规律的机会。因为没有了资金过剩，没有了泡沫，股市里的涨跌变化，主要受价值规律支配，那些价格变化的不正常因素、非理性因素不在了，市场变化的规律性、理性度日益增加。当一个市场是在价值规律支配下，这个市场的可预期性、可把握性大大增强。只要你能理性思考，按规律办事，你就能挣钱。这种不受热钱、泡沫和疯狂情绪干扰，价值规律起主要支配作用的，有利于理性投资者挣钱的环境只有在熊市，而不是牛市。这一状况中外股市均是如此，这是一种规律性现象。

几乎所有成功的投资人和投资大师都喜欢熊市，都善于利用熊市！投资大师彼得·林奇说：

在下跌和熊市中卖出的投资者，远比买入的投资者损失更大，如果你在股市暴跌中绝望地卖出股票，那么你的卖价往往会非常低。投资股票要想赚钱，关键是不要被吓跑，这一点怎么强调都不过分。

最佳的买入和入市时机是在每隔几年市场便会出现的崩盘、回落、狂跌时期。在这些令人惊惶的时期，如果投资人有足够的勇气在别人喊着“卖出”时仍镇静地买入，就会抓住真正的良机。对于那些经营良好而且盈利可观的公司股票，在市场崩溃时期反而是良好的投资时机。

林奇更进一步指出：

在过去的几十年中，市场每两年出现一次小幅下跌，每六年出现一次大幅下跌，如果在每次下跌后加仓买入，收益将十分可观，下跌意味着今后赚更多的钱，股市下跌是极好的机会，此时应该买入你喜爱的股票。

林奇同时也用美国股市50年的数据统计证明，市场上最大的赢家是那些在下跌和熊市中买入和入市的人！

投资大师罗杰斯更直截了当地对中国投资者发表忠告：

人们应该在市场下跌时买入，而不该在市场上涨时买入。2007年时我就曾说过中国股市有泡沫，我就告诫人们要警惕。我想要再重复一遍，永远也不要在人们都兴奋时买入，应该在人们失望卖出的时候买入。现在股市调整了，即便未来有更大的下跌，我还会继续买入。

2008年国庆节前后，我参加了电视财经节目《财富非常道》的访谈，节目中我提出“熊市是价值投资的春天”，并用了一个捕鱼的例子形象地说明为什么熊市是价值投资的春天。

我对主持人说：“投资者其实和捕鱼者很相似，渔民有时在风平浪静的海上捕鱼，风险小产量高，有时只能在惊涛骇浪中捕鱼，风险大产量低。牛市中的6000点投资，相当于是在太平洋里捕鱼，风高浪急，投资者随时有可能被巨浪给吞没掉。并且在6000点的牛市风浪中，鱼都藏在浪涛之下，波涛汹涌的巨浪会吞没所有的企图捕鱼的人。现在跌倒2000点左右是什么情况？现在是干涸的河床，水已经退了。水退之后一方面让人们知道谁在裸泳，另一方面干涸的河床上到处是鱼，你可以不承担任何风险，随手就可以捡到很多鱼，弯腰便能捡起。这就是熊市的价值，而在牛市里这是完全不可能的。”

主持人问：“当水退后，鱼不会死吗？牛市消失后，市场资金枯竭，凭什么上涨呢？”

我答：“水如果完全没有了，鱼就死了。企业不会死，资本市场上如果没有了炒作资金，企业照常生产经营。股价的变化最终是由企业决定的不是由资金决定的，企业的经营与市场上是牛市和熊市并没有关系，从而股价的最终变化与市场上是牛市和熊市没有关系！”

最后让我们一起看看股神巴菲特在熊市里在干什么？

2008年10月中旬，华尔街股市下跌了2000点，甚至在一日之内，下跌了8%以上，欧洲三大股市同期下跌得更是惨不忍睹，亚洲的日本、韩国、中国、中国香港、新加坡一周之内都出现了20%的跌幅，全世界所有主要国家和地区的股市都因猛烈的下跌，不可避免地进入了熊市，全球股市里到处是泪水和伤痛。

然而仅仅一星期之后，全球首富、人类历史上最伟大的投资家巴菲特公开出现在媒体前，告诉人们他正在买股票，并且发表公开信，解释自己买入美国股票的理由。巴菲特在公开信中写道：

无论美国还是世界其他地方，金融市场都是一片混乱。更糟糕的是，金融系统的问题已渗透到整体经济中，并且呈现出井喷式发展。短期内，美国失业率将继续上升，商业活动停滞不前，而媒体的头条也令人心惊胆战。

不过……我一直在购买美国股票。

为什么？

我奉行一条简单的信条：别人贪婪时我恐惧，别人恐惧时我贪婪。当前的形式是——恐惧正在蔓延，甚至吓住了经验丰富的投资者。当然，对于竞争力较弱的企业，投资人保持谨慎无可非议。但对于竞争力强的企业，没有必要担心他们的长期前景。这些企业的利润也会时好时坏，但大多数都会在未来5、10或20年内创下新的盈利记录。

澄清一点：我无法预计股市的短期波动，对于股票在1个月或1年内的涨跌我不敢妄言。但有一种可能，即在市场恢复信心或经济复苏前，股市会上涨，而且可能是大涨。因此，如果你想等到知更鸟报春，那春天就快结束了。

回顾一下历史：在经济大萧条时期，道琼斯指数在1932年7月8日跌至41点的历史新低，到1933年3月弗兰克林·罗斯福（Franklin Roosevelt）总统上任前，经济依然在恶化，但到那时，股市却涨了30%。

第二次世界大战初期，美军在欧洲和太平洋遭遇不利。1942年4月，美国股市跌至谷底，当时距离盟军扭转战局还很远。同样，20世纪80年代初，尽管经济继续下滑，通货膨胀加剧，但却是购买股票的最佳时机。简而言之，坏消息是投资者的最好朋友，它能让你以较低代价下注美国的未来。

长期而言，股市整体是趋于利好的。20世纪，美国经历了二次世界大战、代价高昂的军事冲突、大萧条、十余次经济衰退和金融危机、石油危机、流行疾病和总统因丑闻而下台等事件，但道指却从66点涨到了11497点。

也许有人会认为，在一个持续发展的世纪里，投资者几乎不可能亏钱。但确实有些投资者亏了，因为他们总是在感觉良好时买入，在市场充斥着恐慌时卖出。

现在，巴菲特在熊市里，在危机中加大投资力度的做法，会不会和他历次抄底熊市并大获其利结果一样，还无法被证明，但我坚定地相信巴菲特在危机中、在熊市、在别人恐惧时疯狂买入的做法，是真正的投资之道。你呢？你是怎么想的？你认为巴菲特在熊市中疯狂买入对吗？如果你还没有答案，看完本书你就会有正确的观点和看法，当然如果你已经有答案了，那这本书更适合你，因为这是一本写给理性投资人的书。

熊市是有利于理性投资人挣钱的市场状态，熊市是真正投资人的最爱。怕熊市是没有必要的，如果你很害怕熊市，说明你还没有真正理解股市，还不是一个真正的理性投资者，那么，你应该花点时间阅读本书。我确信，当你读完本书之后，你会笑对熊市，甚至会爱上熊市。

写一本关于价值投资的书，一直是我本人的强烈愿望，这种愿望主要来自于投资实践，因为投资不是一种技术，而是一种思想，投资者基本上都应该是理论家和思想家。从1994年以来，我和我的伙伴们在投资过程中总结出的思想越来越多，我们很想把它们整理成系统的理论。在这段时间里，几乎所有的节假日都被我用来思考和创作。常常在深夜，为了对某些问题进行思考，我不停地在家里走来走去，脚步声惊醒了熟睡的家人，为此我养成了光着脚在家里思考的习惯。在付出足够多的精力和心血后，我确信，这本书在价值投资理论和实践上，在相当多的地方都提出了此前从来没有人提出的观点和见解，也对价值投资中常见的问题提出了一些与众不同的见解，这也是我敢于将本书拿出来让您看的原因。

在这本书的创作过程中，我的合作伙伴们不断地对这本书提出修改意见，并负责这本书的编辑、打印和制图，如果没有他们的帮助，这本书的内容不会这样精致和完美。书中在进行阐述的过程中，之所以将大量的主语用我们来表述，的确是因为这本书得到了我的伙伴们的极大帮助，我以此来表达我对他们的尊重和感谢。

我期待着您的批评指正，并期待与您交流。

以上是我 2008 年出版此书时所写序言，现在是 2018 年底，同样处于熊市，到处是黄金，主动行动吧，对市场要乐观，去捡黄金吧。

董宝珍

2018 年 10 月修改于北京

第一章

熊市中的中国股市
最具有投资价值

如果我们不认为、不相信中国股市有投资价值，我们就不可能在中国股市投资；如果我们不认为、不相信一个普通的人能够、可以成为成功的投资者，我们就不可能做出成功的投资。看完第一章你会知道中国股市到底有没有投资价值，熊市中的中国股市的价值魅力何在，一个个人能不能成为一个成功的投资者。

熊市中的中国股市之所以最有投资价值，原因有两个：其一，中国股市本身在全世界范围内相比较而言最有投资价值；其二，低迷的熊市让中国这个最有价值的市场更有价值。中国股市有投资价值，熊市中的中国股市更有投资价值，是一个百分之百的事实！如果你不相信中国股市有投资价值，你就不可能在熊市中以明显低估的价格大量拥有好的股票。

中国股市最有投资价值

在我们以价值理论为武器进行投资前，必须先解决一个问题，中国股市有没有投资价值？对这个问题市场上长期流传着一种说法，认为中国股市缺少投资价值，从而不适合长期投资，他们认为长期投资只能是在国外成熟市场。事实果真如此吗？

我们先看一下中外成长股的对比情况，就可以知道中国股市有没有投资价值。

全世界最成功的长线投资大师巴菲特一生凭借长期投资的方法赚了几百亿美元，其中巴菲特最成功的两个投资案例是可口可乐和吉列刀片。可口可乐：投资 13 亿美元，至 2003 年底持有 15 年，盈利 88 亿美元，增值 6.8 倍。吉列公司：投资 6 亿美元，至 2003 年底持有 14

年，盈利29亿美元，增值近5倍。这两只股票就给巴菲特提供了100多亿美元的盈利，占其全部盈利的1/3。这两只股票在15年的时间里，上涨了5~6倍。

我们再看看国内A股市场的情况，看看张裕、茅台、云南白药、中兴通讯、中集集团它们在上市以来的涨幅。到2007年，张裕上市6年，涨了4.5倍；茅台上市5年，涨17倍；云南白药上市12年，涨30倍；中兴通讯上市9年，涨7倍；中集集团上市12年，涨20倍。它们远远超过了可口可乐和吉列，中国股市有没有投资价值，一比较就自然有结果。

很显然，中国股市不仅有价值而且非常有价值。说中国股市没有投资价值，没有好股票，这是完全错误的。世界上绝不会有一个股票市场里没有可进行长期投资的股票，如果一个市场没有投资性，那么这个市场就没有存在的理由和意义，它就会自然消失。美国的另一位长期投资大师罗杰斯，曾经开车周游世界，在非洲小国的股票市场上投下巨资，获取了巨大收益。只有没有被发现的投资机会，从来就没有没有机会的投资市场。

为什么中国股市的投资机会反而会更大，道理很简单。大家想一想，13亿人，一人穿一件衣服，一人喝一口酒，一人出去旅游一趟，一人出外就餐一次，就会形成几十亿上百亿的消费额。13亿人的中国，经济在快速地发展，人们的生活水平在不断地提高，人们的需求在不断地升级，从基本的需求向更高级的物质需求和精神需求迈进，在总人口庞大和收入水平提高的共同推动下，中国的需求增长为企业提供了历史性发展的舞台，在这个历史性发展的舞台上大量的成长股、大量的优质股的出现实属必然。

无论是从实证的比较，还是从理论的分析都可以证明中国股市不仅有投资价值，而且非常有投资价值。只不过和中国股市中有投资价值一样多的是更多的无投资价值的垃圾股，这就需要你去寻找，发现和挖掘有投资价值的股票，而不能因为你找不到好股票就说没有投资价值。全球著名投资大师罗杰斯不仅一次地在公开场合向人们表示，他让他几岁的小女儿最先学会的一门外语就是汉语，因为罗杰斯最看好的一个经济体就是中国。

一个资本市场的投资价值其根源是这个市场所在国的经济发展潜力和经济规模，如果你认为未来你的生活会提高，你的收入会增加，那么你就应该自然地相信中国会有大量的优质企业具有成长和投资价值。如果谁宣布中国股市没有投资价值，就相当于说中国人民生活水平不会提高，经济不会发展，这显然不是事实。

“中国股市没有投资价值”——这是我们若干年来天天接触，天天面对的问题。我们至少向一万个投资人苦口婆心地讲过，中国股市不是没有投资价值，而是非常有投资价值。斗转星移，现在认为中国没有投资价值的人似乎不如以前多了，但问题又变成另一种说法，很多人言之凿凿地说，中国股市即使有投资价值，也孕育不出像可口可乐和麦当劳那样的大企业。这果真是事实吗?

我们先看一段摘抄：“市场需求是影响产业和企业成长的基本因素，市场需求受到人口规模和人们的收入水平的决定。人口的增长会拉动对生活必需品需求的增长。居民收入水平及其增长速度直接决定了购买力水平的高低及其增长速度的快慢，是影响产业和企业成长的重要因素。”

这是产业经济学中关于产业和企业成长受需求推动的论述。文中指出，需求是产业和企业成长的源泉，需求又是由人口基数和收入水平决定的。认为中国不会孕育大企业的人，是认为中国的人口不够庞大呢，还是认为中国的人均收入不会沿着某种趋势逐步提高？或者是认为在全世界范围内普遍流行和有着强大影响力的整个产业经济学的观点和理论是错误的?

中国的人口因素和收入增长因素，会让很多中国企业具有基础性优势，而这种优势是很多国家永远都不会具有的，在宣布中国孕育不出像可口可乐和麦当劳那样的大企业的时候，我们为什么不对中国的优势认真地审视一下呢。

中国有很多优势同时也有很多劣势，世界任何一个经济体都是这样的。有优势就有劣势，从来没有一个经济体只有优势没有劣势，中国主要的劣势表现在制度规则不完善，造成经营环境复杂多变、不稳定、可预期性差。

“9·11”事件之后，很多人都表达了这样一个观点，即便把整个华尔街都炸掉，只要美国的法律制度和人人守法的意识还在，美国就会很快发展起来。中国现在的情况主要是制度差，这是事实，尤其是现阶段的现实情况下，人们对中国的法律和经营环境产生比较乐观地预期还是不容易的，但这不足以影响中国经济发展和大企业的诞生，因为寻求历史性的民族振兴和伟大崛起，是13亿人不可改变的雄心壮志，也是13亿人的现实需要。困难无论有多么强大，只要我们已经遇到了，就会通过各种方法将其解决，解决只是时间问题。因为这些困难已经表现出来了，也就不再是实质性困难，真正的困难是未感知到的。

让我们来看看这几个经济体，新加坡、中国香港、中国台湾、韩国这几个经济体都是儒家文化圈，它们在人文特征上和中国大陆几乎没有任何质的差别，它们现在都成为世界一流经济体。它们在整个发展过程中，也遇到像中国现在缺乏制度的阶段，它们都解决了。尤其是韩国和中国台湾，韩国的经济推动者朴正熙亲手缔造了韩国现代经济，但是作为军人的朴正熙的军人统治，让韩国失去了法律和规则，而且，1979 年朴正熙被军事政变者枪杀。在如此动荡的政治环境下，韩国经济依然向前，并且全面实现了社会法制化和民主化的成功。中国台湾的基础情况和我们大陆更相似了，台湾的成功离我们更近。所以中国的某种法制化的改良和进步只是时间问题，它不是中国经济不能产生出世界级企业的阻碍因素。

我要大声告诉投资者：中国最有投资价值，中国会不断孕育出可供投资的世界级大企业，我们正处在伟大的投资时代。

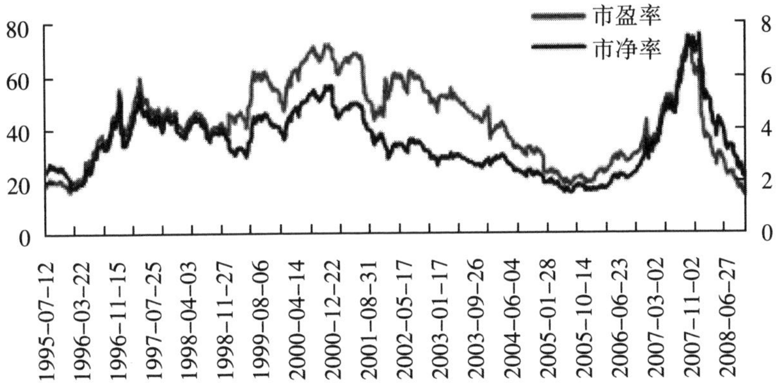

全部 A 股的静态市盈率

数据来源：wind

让我们看一下上面这幅图。这是一幅从 1995 年到 2008 年 10 月期间，中国股市几次大的牛熊市变化过程中市盈率和市净率的变化情况图。在这张图中，十几年来股市经历数个牛熊交替，无论市场如何变化，中国股市的最低市盈率没有低于 15 倍，最低市净率没有低于 2 倍。现在中国股市在始无前例的大牛市所引发的同样始无前例的大熊市之后，市场整体平均市盈率为 15 倍，整体市净率为 2。这些数据有什么意义呢？其意义是现在的价格水平是历史上最低的。在历史上最低价格水平进行投资，其中的意义又是什么呢？大家都能明白，根本不需要额外说明！

以下是中国最知名的优秀上市公司在2007年牛市中的最高价和2008年熊市的最低价的对比：

这些中国最优秀企业代表了中国经济的未来。投资中国的未来，大体上不外乎选择这些公司，而这些公司在熊市中平均价格只是牛市中的平均价格的1/5，用同样的钱在熊市中平均可以买到5倍于牛市的股份，熊市里金钱购买力大幅提升，是熊市让投资人花很少的钱买很多的股。在熊市中投资中国股市更合算，多么清晰的数据，多么简单的事实，熊市中的中国股市更有投资价值。

上市公司A股	牛市最高价（元）	熊市最低价（元）	用同样的钱在熊市可以多买（倍）
中国平安	149.28	19.90	7.5
万科A	40. 78	4.8	8
工商银行	9	3.13	2.8
中国石油	48.62	9.71	5
伊利股份	38	6.45	5.8
燕京啤酒	26.22	9.46	2.7
贵州茅台	230.55	84.2	2.7
五粮液	47.5	11.69	4
苏宁电器	74.84	12.01	6
中国国航	30	3.25	9
招商银行	46.33	10.68	4
雅戈尔	34.50	6.6	5
中国神华	94.88	16.08	5.9
上海汽车	32.9	4. 78	6.8
宝钢股份	22.12	4.26	5

股市进入新阶段，价值投资是必然

上交所从1990年开张到现在已经走过28个年头，然而在这28年中，中国股市已经经历了几个差别较大的发展阶段。在中国股市的初级发展阶段，是技术分析的天下。因为整个市场，股票价格的变化与基本面因素基本无关，大盘走势与宏观经济基本无关，个股走势与企业状况基本无关。博弈和炒作是股价变化的主要原因，这种情况下基本面分析没有用武之地。

过去，中国股市重发行、轻回报，重炒作、轻价值，股权割裂、市场畸形，与国际的联系较少，形成了一种中国特有的，借助资金推动，投资者之间相互博弈的局面。初级发展阶段的种种问题无所谓好坏，存在就是合理。它是初级发展阶段必然要经过的。问题是进入2005年后，这种局面所赖以存在的环境条件发生了深刻变化：投资主体机构化、投资理念国际化、投资行为价值化。当股权分置改革完成，当国际化进程开始启动，历史翻开新的一页。影响市场变化的因素发生了根本性变化，产业兴衰、企业状况成为股价变化的根本决定因素，不考虑基本面的分析和投资方法会使风险倍增。

变化是全方位的，投资理念、操作方法、估值标准等都会变。就投资理念来讲，过去我们在中国股市认为小盘股好炒，因为盘小利于上涨。而2003年后，出现了钢铁、石化等大盘股上涨，国际市场有大盘股溢价，大盘股风险抵抗能力强，这正是变化的表现。

价值博弈、产业博弈代替纯筹码博弈，庄家正在成为历史。企业价值和产业兴衰成为市场涨跌的基础。2006年的股权分置改革完成后，中国股市已经不可避免地进入一个新的发展时代，这个时代的核心特征是以价值为基础的理性投资，价值投资成为股市最重要的生存方式。

一句话，中国股市进入了价值时代！投资者需要回归价值投资，大家需要学习价值投资，用价值投资挣钱，这是生存的需要，这是市场的要求！

价值投资理论是世界上最简单的投资理论

在世界富豪榜上长期排名第二的巴菲特，几百亿美元的个人资产全部是靠价值投资的方法在股市挣到的。巴菲特在几十年前的入市资金只有几万美元。根据海外投资界的统计，价值投资的方法是国际资本市场上使用人数最多的。普遍的案例和事实也已经证明，价值投资方法是世界上最成功的投资方法。

大家一定会认为既然是最成功的投资方法，又是使用人数最多的理论，那它一定很复杂，很抽象，很难懂。事实恰恰相反，价值投资理论是世界上最简单、最容易理解的理论。因为，价值投资的理论只有一句话，“股票的价格由企业的价值决定，价格不断地围绕价值波动”。

就是以上的一句话构成了价值投资的全部理论，确实没有其他的道理了，只有这一句话！

对于大多数投资者来说，这句话似曾相识，好像是在哪里见过、学过。我可以告诉大家，是在中学的课本里学过这句话。课本的原话是：“商品的价值决定于商品的价格，价格围绕价值波动”。二者的唯一差别是，中学课本是说的商品，我们说的是股票。事实上，股票本身是商品的一种，商品包括股票。一切商品的价格变化都受这一规律决定，在一切商品领域的投资都必须顺应利用这一规律。房地产投资、股票投资、产业投资无一例外，任何一个领域的投资都必须遵守顺应价值规律，股票市场更是如此。普遍的商品经济中的价值规律也必然是股票投资的基础规律。

由于价值规律大家普遍在中学课本上学过，因此不做赘述。我们想要更进一步讲的是，价值投资理论是世界上最简单的理论，任何人都可以学会它，用它挣钱。学习价值理论真正的障碍只有一个，就是你不愿学习它，使用它。只要你愿意学习它，它就能成就你，你就可以成为巴菲特式的大赢家。

第二章

股票价值是我们在熊市投资成功的基础

如果熊市是价值投资的春天，那么在这个春天里，什么样的花将会开得最美丽，什么样的花将会结出丰硕饱满的果实，这是一个重要的问题。

在熊市里，会出现大量的投资机会，这些机会中有更好的，有一般的，我们需要选择最好的机会，放弃一般的机会。那么，最好的投资机会和一般的投资机会区分标准是什么？我们靠什么寻找更好的投资机会？答案是价值，最股票的价值，价值度高的企业机会度大，价值度低的企业机会度小。因此要把握熊市里的投资机会，尤其是熊市中最好的投资机会，就必须了解什么是股票的价值，股票的价值是由什么决定的，怎样估算。在这一章里，通过对什么是股票价值的分析，我们会从原理上帮助大家搞清楚，为什么同一只股票在熊市里它的投资机会大。

企业价值不是一个绝对的静态数值

1. 价值和企业实体的关系

内在价值是存在于企业内部的本质性成长能力、盈利能力，内在价值是从属于企业的一种客观成长能力、盈利能力，所以内在价值不是一个看得见摸得着的物，它是企业内部所包含的成长和盈利的依据和道理，是企业实体之上的“企业发展之道”，而不是企业实体本身，这个“企业发展之道”重在决定企业未来的变化趋势。

内在价值存在于企业实体中却又不是实体本身，而是一个以实体为载体和基础，有自身发展规律和特点的独立的存在。实体本身必然作为决定内在价值度大小的一部分，但实体本身只是内在价值的一小部分，关键部分不是实体（关键部分是什么？我们以后讨论），这也就是市场上常出现跌破净资产的股票大量存在的原因。很多股票的价格是净资产若干倍，也是同样道理。净资产正是企业实体部分的静态值。而企业的整体价值中作为实体量化值的净资产不是主要部分。内在价值相当于人的能力、人品；企业实体相当于人的身体，身体是人存在的基础，但人最重要的不是身体，而是人品和能力！

2. 价值既是客观的又是主观的

价值是带有主观性的，因为价值是企业实体之上的“企业发展之道”，而不是企业实体本身，所以看不见、摸不着。因此和认识世界上的其他万事万物中所包含的道理一样，把握内在价值必须借助于主观的抽象和分析。内在价值的基础是企业的客观情况，但内在价值的表现和判断是一个主观的结论，内在价值是一个以企业的客观情况为基础的主观判断。由于对客观企业进行主观判断的主体是数以千万计的投资人，所以对同一主体的判断必然不相同。内在价值应该是大批不同的投资者对企业估值后，通过交易、买卖形成的一个价格范围。从这一点上讲，内在价值实际上也是投票结果，只不过是一个长期投票结果，而不是瞬间投票结果。

在任何时候都不会出现所有的人对同一企业的价值判断完全相同，所以内在价值不可能是一个点，而是一个范围和区间，它不是一个纯客观的绝对量。如果把内在价值先理解为和企业的净资产一样，和企业的员工人数一样的一个纯客观的绝对量，然后去寻找这个绝对的内在价值量，由于内在价值不是一个纯客观的绝对量，所以这样的寻找必然没有结果。于是因为找不到就宣布根本不存在内在价值，把找不到内在价值的绝对量作为否定内在价值的证据，这样的观点存在着前提性和逻辑性差误，内在价值本来就不是一个纯客观的绝对量，这样的绝对量本来就找不到，这是一个很简单的逻辑和事实。

我工作的地方位于北京的秀水街，这是一个外国使馆区，办公室北边是捷克和奥地利大使馆，东边是斯里兰卡大使馆，好像生活在国外。这段时间一批美国青年的举动令我对价值的内涵以及价值的主观性有了深刻的理解。

一天下午，一批年轻的美国人热烈地交流着，他们人手一卷图画，有的把图画无比认真地拿在手中欣赏，有的像宝物一样，双手捧于胸前。从他们个个兴高采烈甚至是心满意足的表情，可以确知刚刚从市场上买来的这些图画，对于他们是一件极为重要的大事，也可以确知，他们为这些图画支付了不菲的价格。

这些令美国小伙子们满足和激动的图画是一页又一页的已经变得发黄的印制于20世纪50年代的中国宣传画，如果你知道宣传画的内容，你一定不理解这些美国小伙子的所作所为，宣传画上印的是“抗美援朝，保家为国”、“一定要把美帝国主义赶出朝鲜”。美国青年花大价钱买到的是“抗美”“反美”宣传画，作为一个投资者和一个旁观着，我在这群美国小伙子身边足足深思了至少10分钟，这些宣传画到底有什么价值？虽然我不知道这些画的具体价格，但从美国青年愉快的表情可以看出他们非常认可这些画的价值。这个价值到底是什么呢？如果这些画有价值，为什么中国人不像美国人一样喜爱这些画，认同这些画？假如一个俄罗斯人、一个法国人、一个印度人，他们也会像美国人一样喜爱这些画吗？认可这些反美抗美宣传画吗？这些宣传画对俄罗斯人、法国人、印度人没有什么价值，但为什么美国人会特别喜爱呢？这显然是因为画的内容与美国有关，记录着美国的一段历史，因此，美国人认同它们的价值，而其他国家的人与这些宣传画的内容无关，所以他们不很认同抗美宣传画的价值。

这使我意识到存在着一种价值，它并不是由商品的使用价值或盈利增值能力这些客观要素决定，而是由因为能引起人们对历史的回忆，或者能引起人们美的感觉，愉快的感觉，甚至是自己与众不同的感觉（比如奢侈品），从而有不菲的价值。这种价值主要决定于主观感受而不决定于商品客观的使用价值和盈利能力，甚至于与使用价值和盈利能力完全无关。同一东西不同的人看法和感受不一样，给出的估值有天壤之别就是这个道理。也就是由于这种由主观感受引起的价值，几乎完全决定于人的主观感受，又因为不同的人，不同的主体在人生经历、世界观、性格爱好方面的差距，所以必然对同一商品的主观感受不一样，这样就会出现同一商品有人认为价值连城，有人认为一文不值。比如，一个艺术家会用一幢房子换一幅字画，而一个普通人则完全不认同这种行为。

事实上，任何商品任何企业的估值过程都包括着这种主观感受差异，最终形成的价值是成千上万人在一定的客观标准基础上的互不相同的人多种主观感受和主观预期的综合。比如，稻草价格永远不会高于金条，这是由稻草和金条的客观性质决定的，但1吨稻草到底值多少钱呢？这是由稻草的性质、使用价值、与众多人对这1吨稻草的主观评价共同决定的。稻草的价格与稻草的重量不一样，重量是纯客观的数值，而价值是在客观性质基础上的为数众多人的主观评价。由于有为数众多人的主观评价包含在稻草的价格中，因此，给任何商品、任何企业定价都不能实现精细量化。因为不必说成千上万的主观评价，就是一个人的主观评价你也无法精确量化！价值包含着主观性！

一般情况下，一个理性的市场环境中，某只股票股价长期形成的价格波动范围的中枢，就极有可能是企业的内在价值。图2－1是云南白药（000538）的走势图，图中的粗斜线就是它的价值中枢。

价值是带有主观性的，且不同的人对企业的判断是不同的，但是任何人在任何情况下对企业进行判断的原材料和标准都是相同的，不同的人都是根据客观企业的经营情况、管理水平、成长趋势、盈利能力给出的判断，结果的不同是不同的主体在同样的研究对象、思考方式下得出来的值的不同。不同的人得出了不同的价格，不能否定企业的内在价值的客观性。相反，不同的人都是根据客观企业的经营情况、管理水平、成长趋势、盈利能力进行估值，恰恰证明了内在价值有客观基础。

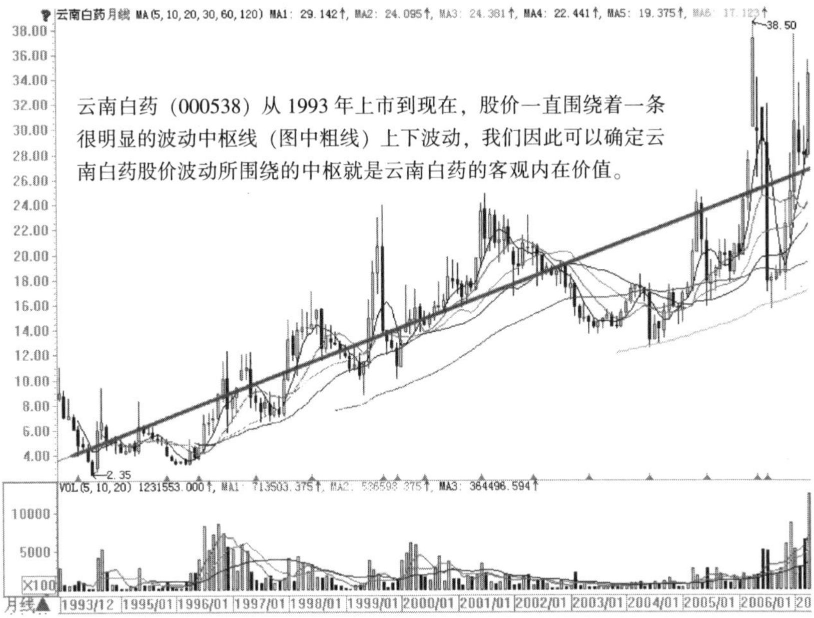

图2-1　云南白药走势图中的价值中枢

有人认为估值水平在牛、熊市里不同，同一企业，在熊市中普遍估值都比较低，在牛市中普遍估值都比较高，因此认为价值没有客观固定标准，价值都是人们主观的东西。这是错误的。内在价值是企业的客观情况和投资人主观判断的统一体。主观因素本身是内在价值的一部分（不过主观因素仅是内在价值的一少部分，内在价值的主要部分是企业的行业竞争态势，行业所处的生命周期、产业政策、全球化的影响、企业内部经营管理水平、公司行业地位、产品质量、市场占有率、治理结构、企业管理层能力素质、企业经营战略、企业的历史沿革、企业的融资与投资情况，以及企业财务状况等客观因素决定）。

企业的内在价值之所以在牛、熊市里不一样，原因正是在牛、熊市里主观情况和主观情绪不一样，这种主观情况和情绪在牛、熊市中客观的差异必然的表现、反映到了对企业内在价值进行评估的过程和结果中。因此，牛、熊市内在价值不一样是合理的，符合内在价值既是客观的又是主观的基本内涵。

3. 不同的价值投资流派利用了内在价值的不同部分

不同的价值投资流派分别利用了内在价值的主观部分和客观部分。长期战略投资者，比如巴菲特，他只重视客观部分，并且只相信自己的主观判断是正确的，不考虑市场上其他人。战略投资的获利就是通过持股，利用时间等待内在价值中的客观部分成长增值，分享内在价值中客观部分的增值。

而价值投资中最重要的一个流派，寻找安全边际进行价值发现。这一流派主要是利用内在价值中主观因素变化对价格的影响进行获利，巴菲特的老师格雷厄姆是这一流派的开山鼻祖，其核心思想是在别人情绪低落时买入，在人们情绪高涨时卖出。安全边际的产生、消失主要是主观因素变化引起的，在安全边际的产生、消失的过程中内在价值的客观部分基本没有变化。

价值评估重要的是定性，不是定量

在价值评估和投资过程中，市场上广泛流行和人们津津乐道的定量估值与精确估值不重要。在整个价值投资过程中真正有意义的、直接决定于投资成败的关键是对企业价值的正确定性分析。对企业价值有了正确的分析和判断，在不对公司进行量化估值的情况下仍旧能够取得良好的投资收益。

这些观点是我们在估值、价值投资过程中的根本指导思想和根本信念。我们基本上不对被投资企业的量的属性进行追踪和计较，主要是对企业的宏观性质进行判断。在过去的投资实践中所取得的成绩是令人满意的，因为这个观点在我们的自身实践中已经得到了证明。现在我们来重点介绍为什么定量分析不重要，为什么定性分析是投资成败的关键。

1. 数量反映的仅仅是企业的表面现象

企业经营过程中表现出来的各种各样的量，比如企业的净资产、每股收益等，都是企业发展变化的表面现象，它们是企业发展变化的结果，而不是企业发展变化的原因。一个企业收益增长了，但收益增长的数据本身永远不可能告诉我们为什么这家企业的收益增长了，我们不能够通过收益的增长来确定未来这家企业的收益会不会继续增长，量和量的变化不具有这个功能。要想确知这家企业的每股收益未来是否会增长，关键是要找到导致这家企业收益增长的决定因素，只有找到了这个因素才能确定这个企业会不会继续增长。单看业绩和其他数据本身变化并不能实现对企业未来的真正把握。只有找到量变的原因才能推断企业的未来，而对量变原因的寻找就是一种定性分析。

我们举一个生活中的例子，怎样最有效地判断锅炉里的水会不会被烧开呢？有两种办法：一种是不断地测量锅炉里的水温，通过水温的变化来判断、确认水是否将被烧开。这种方法需要站在锅炉旁，不断地测量水温来确定是否接近于沸腾，这是定量的方法；第二种办法是水之所以能被烧开是因为锅炉里有煤燃烧，只要锅炉里燃烧的煤充足，水就一定会被烧开。我们利用这个原理，观察锅炉里燃烧的煤是否足够，如果锅炉里燃烧的煤足够，水自然会开，我们不用管，该干什么就干什么，水一定会开，这是定性的方法。这两种方法哪种最有效率、最合理呢？这是个生活经验大家自己很容易就能得出结论来，显然是后者。

2. 数量分析的目的是寻找引起数量变化的原因

对企业经营过程中表现出来的各种各样的量进行分析最重要的价值是，通过对这些量的分析，发现量的变化特征，并找到影响量的变化的根本决定性因素，然后分析这个决定性因素的状况来确定企业未来的变化是否会持续。对量的分析并不是就量论量只停留在量的范围。现在流行的对企业经营过程中表现出来的各种各样量的分析方法，他们的根本思路就是，因为过去某个数量沿着某种趋势变化，所以未来这个数量也将必然理所当然的沿着某种趋势变化。这种分析方法虽然普遍存在且影响深远，但它是错误的，是用机械的主观想象代替了理性的分析。错误的原因就是他们只停留在量的研究过程中，始终不能超脱量的限制。

这里有个张裕的例子，可以充分证明这一点：

张裕是我们长期持有的股票，在 2004 年买入，到 2007 年 3 年左右的时间里，张裕的股价涨了接近 10 倍，张裕给我们带来了巨大的投资收益。选择张裕，并毫不动摇地持有张裕的原因是我们通过对葡萄酒行业和张裕公司的定性分析认定——张裕正处于长期成长过程中。

我们对张裕的看好基本上就三条定性理由：第一，需求增长。由于人们的生活水平、文化水平和消费能力的提高，导致对葡萄酒需求增长。第二，酒类作为最主要的消费品和所有消费品一样，品牌是它成长的基础。张裕作为葡萄酒的第一品牌，具有品牌优势。第三，治理结构良好，管理能力超强。由此三条我们得出张裕会长期成长的定性结论。

不过我们也不是不看张裕的经营数据的表现。表2－8、2－9、2－10是我们在张裕年报中发现的一组数据，并且通过对这组数据的分析强化了对张裕价值的认识。

表2－8　张裕2004年年报数据
2004年按地区分布的主营业务收入及主营业务利润构成情况

地区	主营业务收入（万元）	主营业务收入比上年增减（%）
沿海地区	109 983	24.83
中部地区	16 241	1.97
西部地区	7 619	－17.44
合计	133 843	18.17

表2－9　张裕2005年年报数据
2005年按地区分布的主营业务收入及主营业务利润构成情况

地区	主营业务收入（万元）	主营业务收入比上年增减（%）
沿海地区	151 604	37.84
中部地区	19 986	23.06
西部地区	8 848	16.13
合计	180 438	34.81

表2－10　张裕2006年年报数据
2006年按地区分布的主营业务收入及主营业务利润构成情况

地区	主营业务收入（万元）	主营业务收入比上年增减（%）
沿海地区	182 583	20.43
中部地区	24 048	20.33
西部地区	9 645	9.01
合计	216 276	19.86

以上2004、2005、2006年张裕的主营收入按地区分布的数据，我们首先看到2004、2005、2006年每年张裕总的主营收入都在增长，更重要的是信息显现了2004、2005、2006年沿海地区的主营收入都占张裕总主营收入的80%以上，这表明越是经济发达地区葡萄酒销量越大，这个数据强有力地揭示了张裕的产品销量与收入水平直接相关。未来中国人的收入会提高，因此张裕的销量会增长。所以张裕必定会发展，这是一个由数量分析发现的重要的决定张裕成长的原因。

越是发达地区不仅其现在的销量大，而且增长速度也越快，这说明什么？说明即使在发达地区葡萄酒的消费仍然是刚开始，仍然处于高速成长过程中。对张裕财务数据的分析，强化了我们对张裕价值和长期成长的深刻认识。

张裕这个案例使我们认识到，数量的分析最主要作用就是为定性分析提供向导和途径。各种数量和数据是发现企业背后根本成长决定因素的原料，最终的分析必须是借助于数量，达到对企业成长因素的把握。也就是要通过数量分析，然后走出数量分析，进入到对根本因素的定性分析。数量以及数量分析不是终极目标，如果你的分析始终脱离不了数量这个圈子，那么你的分析和没有分析是一样的。数量和对数量的分析只是一个认识企业本质、本性定性分析的途径、过程和手段。

要预测未来企业收益，关键是要找到支持、影响收益变化的原因，并且考查这个原因会不会长期存在，如果支持收益变化的原因长期存在，那么企业收益的增长也是会长期存在的；如果支持收益增长的原因不会长期存在，则企业收益也是不确定的。真正科学的分析方法是，透过量的变化找到决定量的变化的本质性原因，这才是分析企业未来发展的根本途径。而不是只停留在量的范围内，也就是企业价值分析的关键是透过数量把握性质。

下面我们来进一步论述为什么定性分析可以强有力地把握企业价值，实现投资利益。首先让我们看看《孙子兵法》。这部兵法中关于如何判断战争胜负有五点原则，为了大家阅读方便，我直接引用了白话译文。

> 军事是国家的大事，所以要从五个方面来进行分析，这五个方面是：一是道义，二是天时，三是地利，四是将领，五是法制。道义：就是指民众与君主同心同德，民众可以与君主同死，可以与君主同生，而不怕任何危险；天时：是指四季气候条件；地利：是指远路或近路、险要或平坦、宽阔或狭隘、绝境或通道等地理条件；将领：就是将领是否具备智谋；法制：就是部队的编制、将吏的职责、物资的供应、管理等制度是否健全。哪一方的君主讲道义、得人心，哪一方的将领有智谋才能，哪一方得天时、占地利，哪一方的法令能够严格执行，哪一方的兵力比较强大，哪一方的士卒训练有素，哪一方赏罚分明，我凭借这些可以预知谁胜谁负。

孙子是人类历史上最著名的军事哲学家，他对战争胜负的判断主要是基于这五条。在这五条中，没有一条是对战争具体进程的分析。孙子依据这五条可以在战争还没有开始之前就能够预测未来战争开始后的胜败结果，孙子对战争结果的预测是不需要观看战争的具体情况的。孙子的这五条就是决定战争胜负的规律因素。只要对这五条规律因素进行比较和追踪，就可以预知战争的胜负，不需要对战争的实际情况量化和考察。孙子说的实际就是运筹帷幄之中，决胜于千里之外的道理。古人可以不了解战争的具体状况，在卧室里决策和思考，就可以指导千里之外的战争取得胜利，原因是用战争的规律来指导远方的战争就可以取胜，战争的规律是判断战争胜败的根本依据。

其实不仅是打仗，不仅是企业分析，包括搞其他任何工作，道理都是一样的。每一件事情都有几个根本决定因素，只要考察这几个根本决定因素就可以确知未来。军事上如此，企业经营也是一样的。企业能不能发展，也有几条根本决定因素（企业发展中的那几条成长具体因素，将有另外的阐述），投资人只要把企业成长的这几条因素找到，就可以预知企业的未来。我们对定性分析可以知道未来的讨论实际上已经涉及到哲学，事实上这确实是一个哲学问题。让我们再来看一下几个与预判企业未来有关的哲学思想。

中国古代大哲学家朱熹曾经提出过一个著名的思想，“有其事，必先有其理”。这个话的意思是，世界上发生的任何一个事情，它之所以能发生，必定是因为有这个事情发生的原因存在，而且这个原因是提前于这个事情的发生而存在的。企业之所以成长这个事情能够发生，必定是因为这个企业具备了其成长的理由条件和原因，而且这个理由、条件和原因是提前、先于企业成长存在的。企业之所以能成长，是在企业成长之前企业就具备了成长的理由、条件和原因。大家想想实际情况是不是这样呢?

对成长企业的寻找，就是对成长的条件、原因和理由的寻找。只要你找到了具备成长的条件、原因和理由的企业，那么企业的成长将必定会随之而来。什么是成长的原因和理由呢？固然对不同的行业和不同的企业有不同的差异，但根本上它们不外乎是产品有优势，管理有特点，需求庞大。寻找成长股，实际就是寻找成长的条件，寻找具备成长条件的公司。这个过程应该不是定量的过程，而是定性的过程。

西方哲学的大师级人物黑格尔认为，宇宙中一切的变化之所以能够发生，是因为在具体事物背后具备和存在着一个支配事物变化的规则、逻辑和道理，所有现实所发生的任何变化，在变化发生之前都已经具备了变化的条件和理由，如果不是因为这些实际变化的条件在变化之前提前具备，那么实际的变化是不能发生的。黑格尔认为，宇宙中万事万物，之所以由小到大，由低级到高级，由简单到复杂不断地向前演化，是因为在万物变化背后存在着一个支配万物变化的逻辑体系和规则体系，万物变化不过是对起支配作用和逻辑体系的表现和在时间上的展开罢了。黑格尔进一步认为，分析事物变化的条件、理由是认识事物变化的根本途径，通过对事物变化条件的分析可以预知未来。

黑格尔所说的支配万物变化的逻辑体系是什么呢？黑格尔给起了个名字叫“绝对精神”。我们的投资者肯定对这个“绝对精神”不太理解，然而黑格尔所说的这个“绝对精神”实际上几乎百分之百是中国老子所说的“道”。老子说得好，万物的变化都是在“道”的支配下展开的。老子认为：“道”是支配宇宙中事物发展、变化、运动的总规律；人世的祸、福、兴、亡、成、败均是“道”这个支配宇宙中事物发展、变化、运动的总规律的反映和结果。通过把握“道”这个总规则，可以预知祸、福、兴、衰。

老子反对就事论事。他在《道德经》中表述过这样的意思：天地万物都有起始，万物始作时就已经具备了支配万物发展的根本决定因素。如果知道这些根本决定因素，就能深刻认识万物，预知万物的未来发展。老子这番话其实是告诉我们任何事物都有产生兴起的时候，在事物开始出现的时候，就已经具备、包含了决定该事物未来发展的根本决定因素，我们只要知道了这些根本决定因素，就能从本质上认识该事物，预知事物的未来。

老子更进一步认为：认识把握住了决定事物变化的根本决定因素，就可以不对细节进行观察量化，就可以知道事物的变化趋势。对事物细节关注和投入的精力越多，所能得到的正确认识越少，所能获取的有价值结论越少。把握住决定事物发展趋势的根本决定因素就可以实现不行而知，不见而知，不作为而成功！老子反对感性认识和量化认识，他认为量化细节无意义。中国有句俗语“种瓜得瓜、种豆得豆”，瓜和豆没有发芽之前，没有开花之前，没有结果之前，什么时候开花？什么时候结果？花的颜色形状如何，早已由种子所决定了，在种子中已经完全包含了未来植物生长的主要性状和特征。种子是决定植物性状、体态的根本决定因素，植物最终生长出的枝叶形态，花的美丽与否，均已在其未生长之前的初始萌发阶段——种子阶段被决定了。所以知道是什么种子就完全可以知道未来植物的生长情况。

我们想一想，在投资选股过程中不也是这样吗？投资选股就是选择未来能成长、能发展的企业。企业未来能不能发展，发展到什么程度，其实已经由包含在企业之中现在和过去的已存在要素所决定。现在企业的人、财、物、品牌和社会认同度如何，现在企业为未来做了哪些准备，这些现存的因素和状态就是决定未来企业发展变化的根本因素，未来企业的发展变化、成长与否，几乎完全由这些因素决定了，剩下的就是在时空中演化和实现。为了判断企业的价值和未来变化，我们必须要访问上市企业，调查企业的经营情况，这是必需的。但这些访问调查终究只是对企业一时一事的表面了解，真正可以让我们对企业未来能深刻把握的是发现企业发展的根本决定因素，而不是流于表面、流于数量化的经营结果和经营数据。企业未来发展的规模、程度、实力决定于企业发展之初的一些基本要素，也决定于现在企业为未来的发展和成长所做的努力准备和铺垫，考察这个企业在发展之初的能力、素质、资源状况，我们考察企业现在为未来的发展做了哪些工作，便可以把握企业的未来。

回到股市投资，我们提黑格尔、老子并不是想引导大家去学习哲学，而是提出一个更重要的思想，那就是可以通过认识企业发展的根本规律，然后来推导出哪些企业会发展，不需要对这些企业进行特别详细的量化和具体考察。只要认识了企业发展之道，然后就可以找到那些具备发展之道的企业，剩下的就是靠时间的推移，等待企业实现这样的发展。

比如，2006 年我们非常看好旅游类上市公司，我们买入了丽江旅游这只旅游类上市公司，截止到 2007 年秋天，回报非常巨大。在买入丽江旅游的时候，实际我们并没有去过丽江旅游这家公司，也没有去过它的景点，在这种情况下之所以买入的原因，是因为我们认为中国

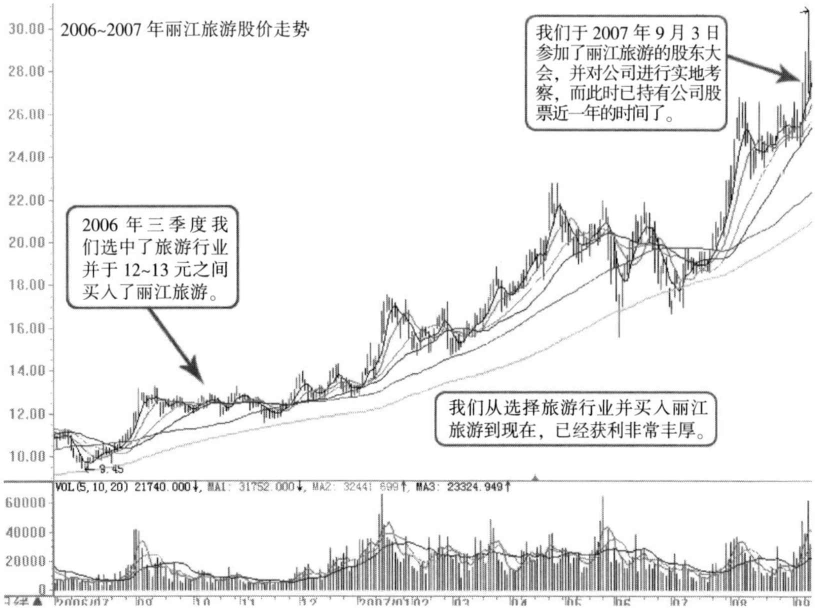

图 2－2　2006 年到 2007 年丽江旅游趋势图

老百姓的收入水平已经到了能够进行旅游消费的时候了，因此，中国的旅游业将不可避免的、必然的兴起。同时我们认为，云南的气候资源、民族资源，以及自然资源使得云南成为中国乃至全世界最有优势的旅游目的地，丽江作为云南的一个重要旅游城市，必然会随着云南旅游业的兴起而兴起，丽江旅游这个上市公司也必然同步兴起。大家可以看到，我们选择丽江旅游这个公司，主要是根据消费升级理论进行推理后得出来的，是从逻辑推理中发现的这个目标公司，而不是通过实地调查和现场考查选中的这个公司。我们买入近一年之后才专门去这个公司考察过一次，而这次考察更加印证了我们的持股信心。

《成长基因和成长能力比经营效果更重要》是我们曾经发表过的一篇文章，文中的思想也是定性是关键：

（如图2－3）当2007年2月27日茅台罕见的、干净利落的跌停时，投资人的心理压力更大，因为茅台十几年来几乎没有跌停，然而仅过一天，茅台就公布从3月1日酒价提高12%，这意味着茅台的2007年收益水平提高30%～40%。我们的问题是茅台持有人的“命”怎么这么好？我们持有的盐湖钾肥于2007年1月初从33元下跌25%，正当股价失去方向的时候，盐湖钾肥公布年报，2006年净利润增加60%以上，从而封杀了实质下跌的空间（如图2－4）。

真正的强势优质股为什么总是在关键时刻发生重大经营利多，这是偶然吗？这是极其重要的问题。以下是我们的分析：

强势股的实质经营利多出现看似偶然，实际是必然。以茅台为例，茅台首先是具备了提价的能力，才能不断提价。茅台的高溢价，提价能力是根本。这个提价能力是由企业强有力的经营、独特的产品优势和与众不同的品质所客观决定。某一家企业想提价，但没有产品优势是不可能提价的。企业的提价能力从更深的本质讲是企业成长能

力的表现。这里我们提出一个观点：先有企业的发展能力，之后才有

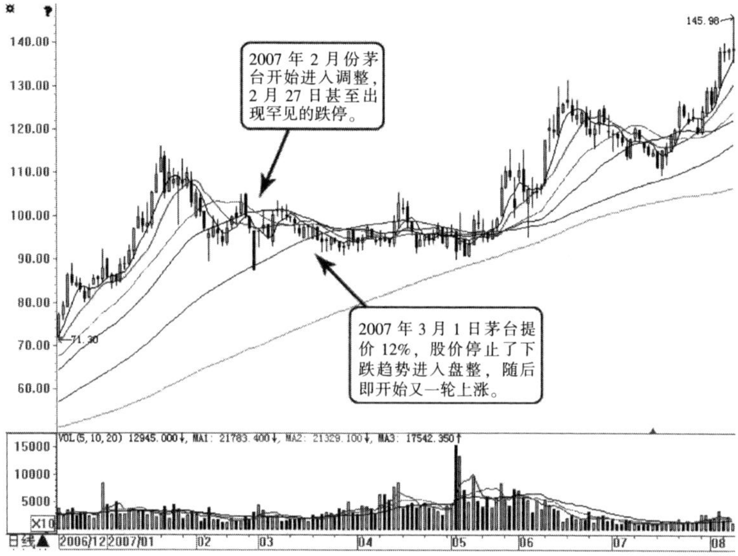

图 2－3　贵州茅台 2007 年趋势图

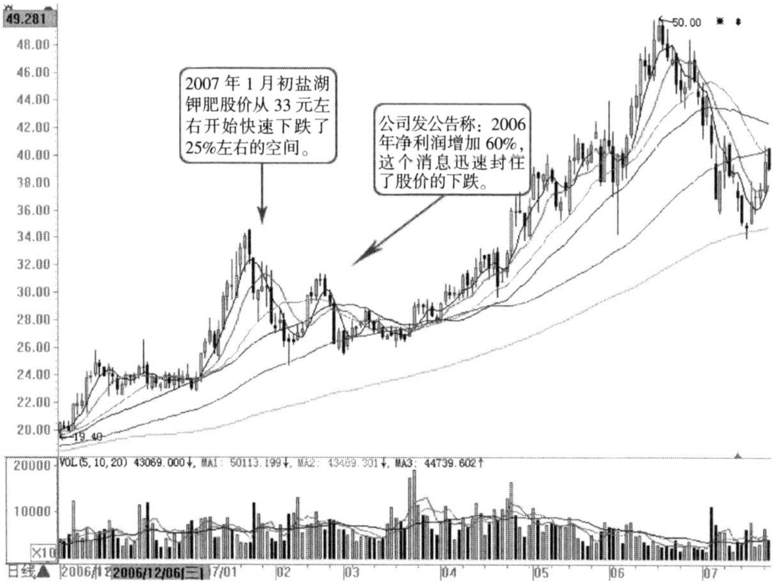

图 2－4　盐湖钾肥 2007 年上半年趋势图

企业的发展成果。投资人买股票，从表面上看买的是企业的业绩、分红等发展成果，但成功投资的关键是发现企业的成长能力，成功投资买的是企业的与众不同的成长能力，而不是买发展成果。

我们认为，投资选择并不是选好的经营成果，而是透过对经营成果的分析，深入到经营成果的背后，看在经营成果背后是否存在着与众不同的经营能力，只有发现了这样的能力，才算真正地找到了有投资价值的公司。因为有了成长挣钱的能力，公司就会在成长能力的驱动下，不断发生实质性的经营利多和成长。茅台、盐湖钾肥的情况就是如此。

挣钱的能力表现为挣钱的结果具有随机性，或早或晚，或大或小，比如茅台的提价是由茅台的提价能力客观决定的，所以茅台迟早会提价，而且会不断提价，这是必然的。但2007年3月1日茅台如果没有提价，股价还会波动甚至下跌，但它迟早会提价。投资人要认识到投资是买公司的成长能力而不是买经营成果，当成长能力具备，且经营成果还没表现出来，或者表现的比较差时，这种时候最应该买入。因为你真正要买的东西是成长能力，在经营结果不好的时候，支付的价格要低。

一句话，有成长能力的公司总会不断产生表现出实质经营成果和经营利多，而何时表现、以什么方式表现是随机的、不确定的。投资人的投资选择不是追逐经营成果，而是要透过对经营成果的分析发现经营成果背后的与众不同的经营能力。

……

企业内部在产、供、销、人、财、物等方面与众不同的优势，就是这个企业的成长基因。成长的能力就是由这些存在于企业内部在产、供、销、人、财、物等环节的成长基因所构成的。无论是成长的基因还是成长的能力，它们都是隐藏在与企业和企业经营有关的各种环节、现象、过程的背后，它不是一个直接感性的东西，而是潜伏在一系列现象的背后，所以需要我们通过深刻的分析来洞察它。这些成长基因和成长能力决定了企业未来成长的可能性和必然性。投资人特别要注意的是成长基因和成长能力，它们隐藏分散在企业的各个领域和环节，当它们没有表现出来的时候，它们就已经具备。或者说当成长基因和成长能力形成的时候，它们往往不能立即表现为成长的结果和经营的效益。这是一个令人振奋的情况，它使得价值投资者通过研究思考把握住这些成长基因和成长能力，利用其还没有表现为成长效益的时间差，捷足先登，低价买入获取利益。

《成长基因和成长能力比经营效果更重要》一文表达的意思就是：企业的成长是由提前存在的成长基因和成长能力决定的，对成长能力的发现是投资成功的关键，成长能力的发现定性分析是重要手段。

2008年8月8日，奥运开幕盛况震撼全球，当写意画这个节目表演结束后，我内心深处久已存在的某种想法涌上心头，我看到了东方文化的精髓，看到了中国文化的特征，东方文化是写意文化，东方文化重的是意境，重的是写意，重的是神似，重的是高度抽象后的神韵。东方文化是不求表象一样、不求细节一致，在那幅奥运写意画中，几个简单的线条，一个一点也不圆的圆圈却表达出山峦层叠、月光映照的无限美好意境。短短几分钟，用手、用脚辗转之间，一幅内涵丰富的巨画，呈现于几十亿人面前，无复杂的技法，以整体格局、整体效果为核心，只抓最关键、最重要、最核心之处突出表现，不重要的全部舍弃。这就是写意画，这就是东方文化的特质。

给企业估值是干什么？是要抓住企业的精神，是要抓住企业最深刻的灵魂和个性。这些精神、这些灵魂和个性存在于意境中，不存在大量文字和数字描述的正而八经的报告中，它们在三五句话中，在一两个词中，在一某个简单的事件中。估值根本就不是决定企业值多少钱（其实连上帝也不能准确知道企业到底值多少钱）！估值是与企业的灵魂交汇，估值是发现企业与众不同的神韵和个性。企业估值就是写意画，是靠体悟、是靠渗透、是靠洞穿来把握企业深刻的灵魂、个性和逻辑。这和写意画的精神完全一样！这样的写意估值是最高层次和境界的估值！写意估值是真正的估值，虽然它好像什么也没有提供，但千真万确，写意估值是最高境界的估值。

东方人的文化中包含着普遍的写意思维方式，东方人的企业估值应该多走写意之路，不可迷信于西方的精算和细化，那是油画的思想。油画刻画了一个真实的形象和场景，但很少表现更重要的神韵和意境，真正的美是对现实抽象后的意境美、神韵美，这样的美是最高境界的美。直接详细描写刻画，美学意义并不大，现实美升华到意境美才是艺术。对于一幅和现实完全一样的油画，我们为什么要看呢？直接观察生活和现实岂不更好！同样，估值中对企业无微不至、详细又全面的逼真描述有什么用呢？重要的是企业现实背后发生了什么，现实的背后才是价值。估值中脱离企业现实，揭示、洞察企业现实背后的东西和逻辑是大师。精确描述现实并沉溺于其中，我以为这是初级阶段！

估值需要写意，写意是估值的关键和灵魂！

企业成长的两大动力

前面我们阐述了在对企业价值评估和成长判断的过程中，用定性的方法抓住支配企业成长变化的本质性因素，是企业价值评估和成长判断的根本方法和捷径。现在我们将进一步深入阐述决定企业发展变化的最本质因素具体包括哪些内容。我们认为，决定企业成长的具体因素，首先是以行业特征为主的企业外部环境因素，其次是以经营管理为主的内部因素。

外部环境因素包括：行业竞争态势、行业所处的生命周期、产业政策、全球化的影响等。内部因素是指：企业所处区位、行业地位、产品质量、市场占有率、治理结构、企业管理层能力素质、企业经营战略、企业的历史沿革、企业的融资与投资情况，以及企业财务状况等。

外部环境因素提供了企业成长的可能，外部因素提供机会，内部因素发现机会，抓住机会。因此，企业成长从宏观的角度看是内部和外部因素共同作用的结果。

1. 企业成长和发展内外因素相连不可分割

企业并不是只包括厂门里面的要素，企业是一个与社会广泛联系的系统，在这个系统里，厂门里的东西也就是一般意义的内因，如：经营管理水平、产品质量、厂房、设备、员工等，这仅仅是企业的一部分。企业更重要的一部分是厂门之外的行业状况和社会联系。我们必须有这样的认识，认识一个企业必须认识厂门之外的行业状况和行业背景。企业外部的行业状况和行业背景对企业来讲，与厂门里面的要素同等重要，是企业不可分割的一部分。不承认企业包括着行业因素是形而上学的观点。哲学家黑格尔讲得好，“割下来的手就失去了它的独立的存在，就不是原来长在身体上的手了，它的功能、形状、颜色等等都改变了，丧失它的整个存在了价值。只有作为人体有机体的一部分，手才是手”。企业也是这样，只有与社会经济和行业背景紧密地联系和结合在一起，企业才能存在，才能发展。如果企业与社会经济和行业的联系被切断，企业一天也存在不下去，即使企业能存在也失去了存在的意义。因此，与整个社会经济和行业时刻不断的紧密联系是企业存在的前提。企业每时每刻所发生的一切变化、所遇到的一切情况和问题，都与整个社会经济和行业的变化有关。离开了对整个社会经济的思考分析，离开了对行业变化的分析，就永远不能对企业本身的发展变化得出正确的结论。爱因斯坦说过："如果人体的某一部分出了毛病，那么，只有很好地了解整个复杂机体的人，才能医好它；在更复杂的情况下，只有这样的人才能正确地理解病因。"爱因斯坦在这儿无意说出了我们传统中医的特长和优势。事实上，中医用联系的整体思想给人看病，是真正的科学医学观，要比西医头痛医头、脚痛医脚的医学观高明。

企业离开了同社会消费、行业变化的联系，无法进行生产和销售。要真正地认识企业，就必须把握、研究它的内外部各个方面，以及内部要素与外部行业环境之间的联系。

在对一个企业进行评价的时候，首先必须认识到这个企业是一个包含着行业外部特征和内部特征的整体，不能够把企业评估看做只是在评估厂门里的那些东西，企业大门外的行业特征和企业大门里的经营要素都是企业的一部分，它们都是决定企业价值因素的重要部分。企业的行业背景和行业状况与企业的生产车间和销售部门是一样的，都是构成企业这个系统有机体的一部分，无论离开哪个部分这个企业就不叫企业，都不会形成价值。

2. 企业是一个由内部和外部因素构成的矛盾统一体

从哲学的层面看，企业内部因素不能单独支撑企业存在和发展，企业的发展是内部经营要素和外部行业因素共同支撑和推动下的结果，内部因素和外部因素紧密相连，没有外部因素，内部因素也不能单独存在。没有内部因素，外部因素对企业也没有意义，内外部因素在互相作用和互相斗争中推动着企业的发展和变化。两个因素任何一个因素发生了某种重大的变化，都可能使这个矛盾体失衡，都可能给企业带来影响。比如，在产业界频繁出现的产业整合，就是要通过整合改善企业内外关系，达到提升企业价值的经营目的。

产业整合的实质是企业的内外部矛盾互相转化和统一。在产业发展到一定阶段，主要是高速成长期结束后，由于行业需求不再高速增长，行业外部因素已经不再强有力地提供成长动力，另一方面，在行业增长期投放的大量生产能力，使行业供过于求的矛盾不可避免地暴露出来。这样，整个行业的生存环境发生了重大变化，需求滞涨、供给倍增的外部行业状况，对行业内的所有企业，无论大小、强弱都构成了巨大的生存压力和成长阻力。在这一阶段，任何企业都难以快速成长，这种停滞几乎与企业内部因素无关。这时，外部因素造成了行业内所有企业的全面滞涨和困难，进一步优化外部因素就成为企业成长的决定因素。

外部因素进一步优化只能是减少企业家数，又因为企业不会无缘无故地自动退出行业，于是行业生存环境改善的责任就历史地落到了行业内大型、强势龙头企业身上。企业继续发展，必须改善自己的外部生存环境，经营的重点应该是对企业大门外的市场环境进行主动的改造，而不是仍然把注意力放在内部的诸如产品质量、管理水平上。于是强势企业通过收购，或者通过压价竞争，强行逼迫弱势企业退出，让出市场份额。强势企业利用压价、收购等手段达成的产业整合，其实质就是经营企业的外部环境，通过对外部环境的主动改造，促成企业的继续发展。产业整合的广泛存在以及产业整合对企业发展的推动，证明了行业外部环境以及对外部环境的经营和改善对企业发展的重要性。

对外部环境的改造者必须是内部实力强大的强势企业，只有强势企业才有能力改造，行业弱势企业即使有心，恐怕也无力。这一点又证明，内部因素与外部因素同样重要，在重视外部因素时也不能忽略内部因素。归根到底，内部因素和外部因素在企业成长过程中同等重要，它们联手共同推动企业的成长。

3. 企业的内外部因素对企业发展同等重要

以上理论和事实，可以清晰地得出一个结论，企业的内外部因素都是企业的一部分，企业的内外部因素对企业发展同等重要。在企业的价值评估过程中，忽视任何一方都有可能走向错误。正确的做法是双方面同样重视，同样着力，并且把握双方相互作用和相互影响导致的综合变化效果。“企业的发展主要是企业努力导致的，外部因素是次要因素”，这一观点不完全正确，太绝对。相当多的事例表明，企业成长是在外部因素和环境变化的引导和推动下，企业抓住和利用了外部环境中的成长因素和机会实现的。假如外部环境中没有机会，企业就无从发展。当然外部有机会企业不去抓也不行，从这个意义上讲，企业内部因素和外部环境中的机会至少是同等重要。

比如手机行业，2002 年中国手机需求倍增式增长，TCL、波导、夏新等手机企业的经营业绩大幅增长，整个手机行业内所有企业业绩都大幅增长。2002 年，TCL、波导、夏新等手机企业股价大涨，强势企业和弱势企业股价都大幅上涨。但是到 2004 年之后，中国手机需求不再增长，手机需求进入了下降阶段，TCL、波导、夏新等手机企业都纷纷走入困境，如图 2 – 5。很显然，手机企业的这一轮兴衰变化过程与行业需求的变化紧密相连，而与企业经营水平关系不是特别大。2004 年手机企业的管理水平、技术水平、资金实力相信一定比 2002 年强，但所有手机企业都处于困境，股价总体向下。手机企业这几年的兴衰从始到终都是外因在起作用，而内因变得不是太重要。

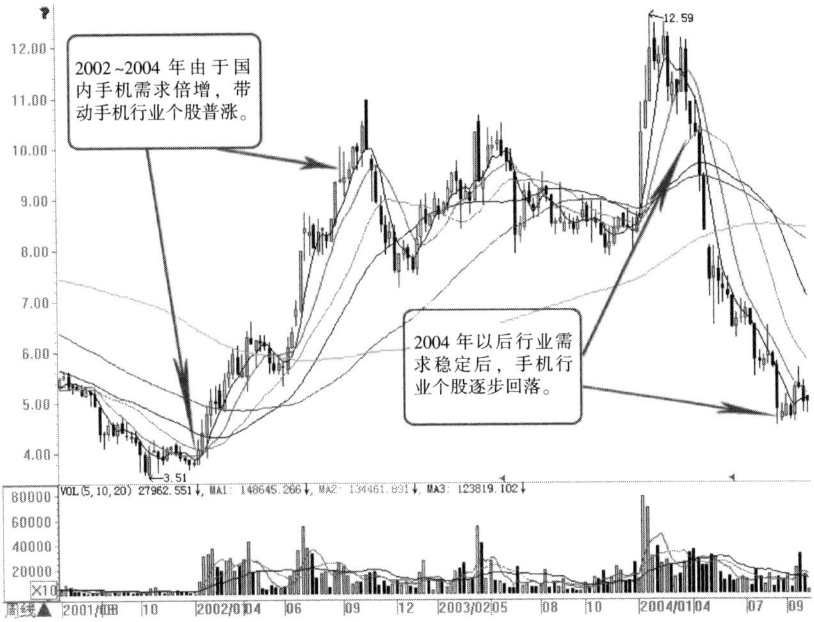

图 2－5　夏新电子 2002 年到 2004 年周线图

4. 行业是企业外部因素中最核心的部分

企业成长的外部因素最主要的部分是行业，行业是企业成长的舞台，行业对企业的成长具有基础约束和基础决定作用，没有一个好的行业舞台，再努力的企业也难以发展。行业是如来佛，企业是孙悟空，企业只能在行业所提供的发展空间和发展领域穿梭跳跃，追求并实现发展。不能突破行业提供的发展界限和范围，行业对企业的约束，一般情况下，企业是不能改变的。当一个企业的所属行业已经非常困难的情况下，靠强有力的经营管理还能够获得发展，这是一个伟大的企业。因为是伟大的企业，所以很少有企业能做到。这样的企业相当于只有一条腿的情况下参加百米赛跑，仍然能拿前三名。而一个行业整体处于成长和扩张阶段，这个行业中的企业如果有强有力的管理，那么它可以轻松快跑。行业的状况和企业的经营管理构成了企业发展的两条腿，是企业成长的两大动力源。行业这条腿相当于蹬着起跑器的那条腿，它更为重要。

处于增长的行业，市场容量大，即使普通竞争者，也可能分得一杯羹；反之，市场已近饱和的成熟行业或衰退行业，即使是高手，也难有所建树。企业的发展实际上和行业密切相关联。成熟的行业，竞争格局基本形成，基本是相对垄断，前几位大公司垄断市场份额，后进入的公司很难有大的作为。即使是前几位大公司，也因为竞争格局形成一种平衡，市场很难有大的增长。

比如：燕京啤酒这家公司，是个知名的啤酒品牌，随着2008年北京奥运会的临近，很多媒体上出现燕京啤酒作为北京奥运会的赞助商，会借助奥运会快速成长和发展的评论，这是一个看似有一定道理的说法，但这也是一个脱离行业基本约束、割裂行业与企业关系的说法。啤酒行业在中国已经历经了20年成长，成长速度已经逐步下降，行业已经进入了稳定发展阶段，在世界范围内更是如此。奥运会能对燕京啤酒有某种促进，但奥运会改变不了全世界范围内啤酒行业进入低速缓慢稳定成长阶段的这一基本行业特征，企业赞助奥运会的经营行为，不能对行业进入低速缓慢稳定成长阶段的特征有任何改变。啤酒行业在全世界范围内的低速成长特征，决定了全世界的啤酒企业一般情况下都不会快速成长。

行业价值判断是企业价值判断的前提

对企业价值的判断，在很大程度上是对企业所处的环境、企业所在的行业进行判断，只有先对企业环境、行业状况判断清楚，才有可能对企业有正确把握。因为环境、行业决定了身处环境、行业之中的企业有多么大的发展和成长空间，同时决定了企业的发展方向和范围，环境和行业是企业的舞台，舞台提供了演出的基础。

在价值分析过程中，常常提到的产品需求弹性这个指标，需求弹性指的是产品的总的需求量的大小，而这个总的需求量实际上是行业的一个属性，这不是企业能改变的。企业当然可以推出新产品，但是整个行业产品总需求量是行业特征所决定的，并不是企业可以任意创造出来的。为什么世界上最成功的企业是可口可乐和麦当劳，当然与这些公司的经营管理有关，可是比它们管理和经营更好的企业并不少见，为什么只有可口可乐和麦当劳成为世界级大企业。这是因为食品行业需求的无限性所造成的，世界范围内食品行业从来都是超级企业的摇篮。换句话说，麦当劳和可口可乐的成功，其基础是因为食品、饮料提供了这样的发展和成长空间，在此基础上可口可乐和麦当劳抓住了其中的成长机会。

也可以说可口可乐是因为把根基扎在食品行业，吸收了食品行业的营养才长成参天大树的。这棵巨大的参天大树只能出现在食品行业里，同样的人、财、物等资源，如果把根基扎到其他行业长，出来的将是另一种形态的植物了。正是食品饮料行业的永远需求成就了这两家企业。

我们终究要意识到，真正的好企业只能出现在有前途的行业中，环境和行业是成长的首先的、前提的、基础的因素，经营管理是第二位的。在这里，我们颠覆了一般哲学认为的内因是事物发展的第一因素，外因是第二因素的说法，我们认为这种颠覆是必要的。在成长发现的过程中也许一般哲学的说法并不正确，我们真正想让投资者知道的就是在价值发现中，首先关注的应该是成长行业中的机会，其次才是企业的经营管理，也就是环境更重要！

1. 行业环境变化是一切企业兴衰的根本原因

美国学者对美国上市公司1981～1994年间业绩的实证研究得出结论认为，在影响上市公司业绩的全部因素中，产业的影响是最重要、最稳定的，产业效应对企业业绩的影响程度达1/3以上。特别是在科技创新日新月异、全球经济结构正在大规模调整的条件下，一个企业能否在市场上取得成功，其所处产业的发展情况起着十分重要的作用。

美国经济学家迈克尔·波特认为："企业的成功来源于两个方面，一是企业所处行业情况，二是企业在该产业中的地位。好的企业常常是在好的行业中处于优势地位的龙头企业。所谓好的行业就是需求高速成长或者稳定成长，同时行业内的竞争结构稳定，没有过度竞争的行业。在一个非常有前途的产业中，一个企业如果不能拥有有利的竞争地位，依然不可能得到充分的发展；一个具有优越竞争地位的企业如果栖身于一个前景黯淡的产业，也不能获得满意的利润。相应的，企业的获利能力也分解为两个方面，即产业效果和市场地位效果。因此，企业竞争战略的选择由两个中心问题构成：其一是产业选择问题，即从长期盈利能力和决定长期盈利能力的因素来分析各产业所具有的吸引力，因为一个企业所属产业的内在盈利能力是决定该企业获利能力的一个要素；其二是竞争地位问题，企业所属产业的内在盈利能力决定该企业的竞争地位。”

著名投资家费雪也曾经在《如何选择成长股》一书中说过，成长的企业有两种，一种是幸运且能干的公司。这里所指的幸运且能干的公司就是我们所说的，行业环境很好，企业的内部管理也很好；另一类是能干且幸运，这一类企业是指那些虽然所处的环境不是很好，但通过强有力的经营可以带动企业成长。

在一些衰退的行业里，确实发生过好的强势的企业仍旧可以保持某种强势，也发生过好的能干的领导层带领企业不断地选择行业，从衰退型行业退出，进入成长性行业，或者多元化经营的情况。不过我们认为，以上情况不是普遍情况，无论是从成长企业的数量还是成长力度上看，好的行业环境下诞生的成长企业其成长的数量和力度都多于、强于不利环境中的成长企业。个别企业在不利环境中的成长是个别现象，不是普遍现象。一般规律还是环境更促进企业成长，外部条件比内部条件对企业的成长促进更大。

我们再来看看环境变化让巴菲特投资失败的现实案例。

基于巴菲特伟大的成就和成功，人们毫不吝啬地将“股神”的桂冠带在了巴菲特的头上，“股神”成了巴菲特的代名词。然而巴菲特是一个人，不是神，所以巴菲特也犯过非常多的错误。巴菲特投资美国德克斯特鞋业公司的惨痛失败就是其中之一。在巴菲特给股东的信里，他深刻地剖析了自己在鞋业公司上亏损的原因。他说：“在技巧、能力与投资等方面，德克斯特鞋业公司管理层与其他公司相比毫不逊色。但是，德克斯特鞋业公司大部分鞋子是美国本土进行生产，美国本土厂商与境外厂商的竞争变得非常困难。1999 年，在美国 13 亿双的鞋子消费量中，其中约 93% 是进口产品，国外非常廉价的劳动力是决定性的因素。1993 年买入德克斯特时我认为德克斯特完全有能力能够继续应付这一问题，但后来的事实证明我的判断错误。很明显我在 1993 年买入'德克斯特'时犯了错误。"

巴菲特投资美国鞋业公司的惨痛失败说明的真正道理是："环境变化是一切公司兴衰的根本原因"，全球化使得鞋这种低附加值的商品，只能在劳动力成本低的国家生产，没有任何公司能违背环境的意志和对抗环境的变化。全球化所导致的全球统一市场和全球竞争，使得美国鞋业公司面临的竞争环境发生了重大改变，美国鞋业公司生产的鞋失去了成本优势。

这种情况现在正在欧洲再次发生，2006 年不断报道出来的西班牙鞋业从业者烧华商鞋库的事件，就是这种环境变化给欧洲鞋商带来沉重打击的一种表现。非常遗憾的是，与美国人主动顺应全球化的潮流退出鞋业制造领域的明智相比，欧洲鞋业从业者却不识时务地采取了非理性做法。我们认为，欧洲鞋业的退出是不可避免的，是必定要退出的。因为环境变化是一切企业兴衰的根本原因，全球化使得鞋这种低附加值的商品，只能在劳动力成本低的国家生产，没有任何企业能违背和对抗这种变化。

另一个同样是由环境变化引起的巴菲特投资失误，发生在世界百科全书公司上。巴菲特所投资的世界百科全书公司，受到新的信息技术的巨大影响，利润直线下滑。

巴菲特在给股东的信中写到："伯克希尔公司最严重的问题是世界百科全书公司，目前处于一个面临来自 CD－ROM 光盘与在线内容提供日益激烈竞争的产业。事实上我们仍然能够保持获利，大概没有其他印刷百科全书出版商敢这样说。但是，销售收入和利润却直线下滑。1995 年底，世界百科全书决定大幅改变产品销售渠道，全力加强电子产品销售，并大幅降低总部管理成本，当然这些措施的效果还有待进一步观察，不过我们相信这将会明显改善我们的生存能力。”大家想一想，面对互联网和电子光盘出版的兴起，纸质的世界百科全书还有多大的出路。

企业所面临的经营环境、所属的行业，具有客观不可改变性，是企业存在和发展不可缺少的基础性条件和立足点。企业经营过程中的主观努力不能改变环境约束。客观存在的不可改变的因素，对于目的达成有基础决定和约束作用。而主体的努力其作用要相对弱于客观因素的。企业所处的客观环境以及行业中不可改变的条件，是企业发展的主要约束和推动力量，内部的努力对企业成长的影响是第二位的因素。

2. 企业成长就是顺应行业规律的变化

行业作为企业的外部环境，其基本特征（比如需求状况，包括需求的持久性、需求的重复性，竞争状况，包括竞争厂家数量，竞争企业中龙头企业实力规模等因素）和不同的行业发展阶段已经提前客观地决定了这个行业的成长方式、成长规则。企业的成长方式、成长途经、成长的手段，都早已经被行业提前决定和确定下来。被行业提前决定的成长规则，是与行业同时存在的，企业没有加入这个行业竞争之前这个规则就存在。企业的内部经营管理的策略和经营要素的使用，是按照行业所决定成长规则的客观要求来做。强有力的经营就是顺应行业特征和行业发展阶段的要求，照行业确定的规则顺道而为。

企业必须先认识这些已经定好的行业特征和行业发展阶段以及行业成长规则，并采取与之适应的经营特征和经营策略才能成长，而且一定会成长。企业认识不到行业特征，或者认识到了却没有采取正确的、与之相适应的经营策略，或者经营策略在执行过程中出现问题，或者经营资源不足，企业都是不能成长的。

投资者通过对环境和行业特征的分析把握，将该行业所处的成长阶段、成长特征以及特定成长规则抽取提炼出来，用这个成长规则为标尺，对行业内所有参与竞争的企业进行测量和选择，满足条件的就可能是成长股，就可以投资。这种先从行业环境中抽取成长规则，形成选股标尺，然后再用标尺选择合格的企业的方法，正是我们重视行业分析的目的和原因。

在现实经济和股市中，当外部环境条件发生变化时，对整个企业的影响是重大的、深刻的、甚至是不可抗拒的。企业经营者要时时盯着外部环境变化，并根据外部环境变化制定与环境相一致的经济策略、经营方法，假如不盯着外部环境，搞不清外部环境变化，不清楚自己所处的位置，企业怎么能有正确的策略和有效地经营，企业不可能有发展。同样，投资者也要时时盯住行业环境变化，并根据行业环境变化调整投资策略。

3. 成长企业常出现在特定的行业中

巴菲特对行业环境与企业成长的关系有如下观点："让我们一家公司如果经常面临重大变化，就可能会因此经常遭受重大失误。推而广之，在一块总是动荡不安的经济土地之上是不太可能建造一座固若金汤的经济城堡。"我们可不可以说，有些行业先天就产生不出强势企业，从而永远不会有大牛股出现，在这些行业里即使再努力都不会产生大的、持久的成长企业。持久的成长企业只能出现在特定的行业里，至少在巴菲特的话中隐含着这种观点。

比如印刷行业就是如此。印刷行业进入无壁垒，任何人、任何企业均可以进入这个行业，古今中外都是一个企业数量众多、行业集中度差的行业。这一切都是由印刷行业的产品特点决定的，印刷业务都是个性化的需求，印刷需求主要表现为大大小小的零活，因此难以标准化生产，难以形成规模经济，从而也就排除了产生大企业的可能。印刷也不能面向全国、全世界经营，主要经营范围被限定在极小的半径内。印刷行业虽然是永续经营、永远有需求的行业，但由于没有办法实现产业集中，加上经营半径有限，使行业永远处于完全的自由竞争状态，行业的动荡表现在群龙无首，竞争者过多造成的不稳定。这样的行业特征注定不会产生大企业，事实上我们的确没有找到大的印刷企业。另一方面，世界范围内的大牛股都有一个典型的共性行业特征，它们都是出现在与人的吃、穿、住、行相关的行业，大部分大的牛股主要都出现在消费类产业，这种共性让我们相信成长的基础基因首先是在行业里。

决定企业价值的关键是企业的软资源

企业的发展主要是在两种力量推动下前进，一个是以行业为主的外部因素，一个是企业内部自身为主的相关因素。外部因素我们做了一些初步的介绍，内部因素中主要包括哪些因素呢？内部因素虽然很多，但是我们认为内部因素也包括两大方面，第一个因素是企业所掌握的软、硬资源，这里特别强调在资源里要把它分成软、硬资源两大类。软资源是指企业的品牌、企业的管理、企业的员工素质、技术水平等。硬资源就是一般意义上的厂房、设备和车间等，也就是净资产所包括的范围。在企业的发展过程中，对企业发展更重要的因素是软资源，而不是硬资源。推动企业发展的第二个内部因素，就是企业的股权结构、治理结构以及管理层和股东的关系。从本质上说，这第二个因素实际上也是软资源的一部分，之所以把它拿出来单列，是因为股权结构、治理结构以及管理层和股东的关系太重要了。毫不夸张地讲，这第二个因素直接关乎企业的生死和成败。我们先向大家介绍软资源在企业价值和成长中的重要性，然后我们再向大家介绍股权结构、治理结构以及管理层和股东的关系对企业成长的重要性。

我们先看两个企业股权转让的案例：狗不理包子拍卖和对健力宝的股权争夺。

2005 年 3 月，著名的狗不理包子因为经营困难公开拍卖，拍卖时狗不理包子已经处于亏损状态，全部的净资产只有 1000 万元左右。就是处于这样的一个经营状态下的狗不理包子，拍卖的最终价格是 1.06 亿元，并且是经过了 135 轮的激烈竞拍成交。1.06 亿元买的是“狗不理”三个字，买的是品牌！

2006 年健力宝的实际情况是生产停止，资金没有，企业完全处于瘫痪状态。但是为了争夺健力宝的股权，当地政府和健力宝原董事长张海以及另一家公司进行了激烈的争夺。三方运用巨资，发动各自的社会资源，激烈地争夺健力宝的股权。他们争夺的不是实物资产，而是健力宝的品牌。

以上这两个事件有力地证明，企业品牌本身就有独立的价值，而且这个价值很高。品牌有独立于实际资产的独立价值。实际上，品牌是持续经营的根本保障，一个成立几年的企业，虽然可以获得利润，但它在变化的市场中的持续经营的概率不确定。而拥有强势品牌的企业，品牌能让企业保持稳定经营和高毛利润，在可预期的十几、几十年内稳定经营和稳定增长。

对此，美国麦肯锡公司的合伙人所著的《价值评估》书中写道：

“最近十多年，美国超一流大公司纷纷大量卖掉自己的有形资产，将各种有形的生产过程转包给专业公司，并且投入数以万计的巨资，对消费者的大脑进行经营，它们把自己在消费者心目的感觉和印象视为企业成败的关键，为此不惜重金改善自己在消费者心中的地位。”不惜重金改善自己在消费者心目中的地位，实际上就是在树立企业的品牌。

丰富的事例已经充分证明，现代企业的成败更多的是决定于企业的软资源的多少和软实力的强弱。

什么是企业的软资源？软资源可以简单地定义为：一切存在于企业中的看不见的、但却强有力地影响企业经营成败的要素。软资源具体包括：品牌、技术水平、管理制度、市场开发能力，甚至包括高级管理人的个性、能力、人品和风格。

在现代企业竞争中，常有用软资源兼并硬资源的情况，最典型的是蒙牛乳业况。1999 年蒙牛乳业在呼和浩特一家民宅里创业，当时公司全部资金不足 100 万元，这点钱加上租来的民宅构成了蒙牛的全部硬资源。但这时蒙牛的创业团队中包括着中国第一流的乳制品技术人才，中国第一流的乳制品营销大师——孙先红，有 20 年乳业经营管理经验、中国第一流的乳业企业家——牛根生。更重要的是，这个团队全员持股，都是企业的创业者和老板，面对困难大家情同手足、肝胆相照、荣辱与共。虽然，当时按硬资源排队，蒙牛在中国全部乳业企业中排名为 1600 位，这时的蒙牛硬资源不值一提，但软资源超级强大。

蒙牛充分发挥自己软资源强的优势，专注于产品设计和市场开发，生产过程全部委托给一家陷于困境的乳业企业（事实上这家企业当时光设备就值 1 个亿，但软资源差），很快蒙牛就以强大的软资源优势将别人为自己生产的产品卖到全国，用所获利润将给自己打工的企业收购，充实了自己的硬资源，演绎了一出软资源吃掉硬资源的生动活剧。

一系列的企业成败的案例告诉我们，决定企业成败和发展的是企业看不见的非物质化的软资源和软实力，对一家企业的评估和判断，重点应该放在软资源上，对硬资源适当关注就可以了。现在，有很多人对企业的评估还停留在重视硬资源、忽视软资源的阶段，这是错误的，这样是不能正确把握企业价值的。决定企业价值和成长的是企业的软资源，应该高度重视企业的软资源。

管理层激励企业发展的根本内在动力

我们还是先看两个具体上市公司的案例，这两个上市公司分别是伊利和张裕。

伊利作为中国资本市场上最著名的蓝筹股和优质股。从1999年之后，在其不断成长过程中也不断伴随着动荡和波折，先是副总裁牛根生带领大批人员另起炉灶，使得伊利失去了很多优秀的人才，也凭空在身边出现了一个强大的对手。接着是伊利董事长在2004年被捕入狱，新的管理层火线受命，临危上阵。企业在这种动荡中已经不可避免地将乳业老大的地位让给了小兄弟蒙牛，这是为什么呢？原因是伊利的股东结构和治理结构存在着缺陷，以及管理层和大股东的关系不和谐所导致的必然结果。也是大股东在优化企业的股权结构和治理结构中措施失当的必然结果。

伊利的大股东是当地政府，其总的持股量长期维持在20%以下，大股东虽然只有20%，但由于伊利股东非常分散，它也是一股独大，基本上没有人能制衡得了大股东。这样就导致伊利在股权结构上没有一个较好的制衡结构。而二股东、三股东都是微不足道的小股东。

再看管理层的结构和管理层与大股东的关系。

必须承认，郑俊怀是伊利的发展一个关键性要素，没有郑俊怀就没有现在的伊利。郑俊怀从32岁在伊利当厂长到52岁被判刑，整个人生的黄金年华都献给了伊利，郑俊怀所带出来的管理团队也是强有力的。但是问题出在管理层和大股东的关系严重不和，伊利的管理层按照现代市场经济的一般原则认为，作为伊利的创业者应该得到创业股权回报，在伊利高速发展的过程中，他们的回报不仅仅只是工资，而且应该是伊利的适当股权。从逻辑上讲，这种想法和愿望是天经地义的，但是这一愿望的实现必须得到大股东的理解和配合，在这方面伊利的大股东表现出来的是有时候理解，有时候不理解。这样就使得管理层不知道大股东葫芦里卖的什么药，于是，已经在长期的经营过程中取得了实际控制人地位的管理层，采取了自我保护的措施。

由于管理层在长期的经营过程中已经形成了对企业的控制（这种对企业的控制实际上是一个必然的结果，因为没有管理层对企业的控制，企业就不能发展，纵观全中国所有的强势企业，都有一个强势领导人和强势管理层对企业强力控制，这是一个规律性结果。强势管理层是企业发展的一个条件，伊利就是这样），然而这种强势控制一方面促进了发展，另一方面使得管理层和大股东的矛盾极端明显。处于这种情况下的企业要想发展，就得解决强势管理层和大股东和谐共处、互利共赢的机制，这个机制就是管理层持股和股权激励。然而伊利在这个问题上没有能很好的实现，最终的结果是整个创业管理团队被以激烈的手段强行拉下马。于是伊利出现了动荡，出现了徘徊。

在这个案例中根本的反映了一条，管理层和大股东的关系如果不能达到和谐互信、互利双赢的局面，其结果必定是以公司出现问题为代价。互利双赢的基本手段就是给管理层一定的股份，让管理层同时成为公司的所有者之一。表面上看大股东或者上市公司向管理层出让的股份，好像是失去了一定的利益，而实际上最终大股东和公司得到的远比失去的多，因为当管理层同时成为公司的所有者之后，他们全部的时间和精力都会用在公司的发展和经营上，反之他们的时间精力将大部分用到利用自己对公司的控制进行自我保护，自我实现价值和利益，这种局面绝对是对所有人有害无利的。大家看一下健力宝公司的全输结局就能体会到这一点。

张裕在这方面就是一个较好的正面案例。张裕的行业和经营特征与伊利几乎是一样的，都是消费类知名品牌。在伊利动荡中艰难发展的同时，张裕却在高歌猛进，一路顺风。原因何在呢？原因就是张裕成功地进行治理结构改革，成功地实现了管理层适当持股的安排，最终把张裕原来的国有股东一股独大、管理层只是普通打工仔的局面，变成了国际资本和管理层与国有股东共同持股、互相制衡的一种股权结构与治理结构。管理层在张裕中的地位更加重要，因为他们既是股东又是经营者，企业既是别人的又是自己的。更积极的一方面是，企业管理层辛勤地让张裕从无到有、从小到大所付出的心血和劳动，得到了国有大股东以股权方式的肯定和奖励。这是一种知遇之恩的表现，是在大股东和管理层构建和谐互建的一种手段，让心与心之间离得更近了，形成了人心齐泰山移的局面。

张裕的案例表明，当企业发展到一定阶段，企业经营形势越来越好的时候，必须认识到这种良好的局面一方面是由管理层心血造成的，另一方面管理层的这种心血必须得到长远的股权方面的激励，来肯定管理层，否则良好发展的态势将难以长期保证。企业长期发展的核心内部因素就是，要通过良好的管理层激励机制实现股东与管理层关系的和谐、同利、双赢。有了这样一个机制，企业发展的内部因素就得到保障；没有这个机制，企业就失去发展的扎实基础。

在进行管理层激励的过程中，激励对象应该以整个管理层为主，而不能以主要的几个最高领导层作为激励对象。一个好汉三个帮，孤木不成林，企业的发展是在整个管理层的带动下前进的，管理层作为火车头，是一个集体，而不是几个核心人物。如果把个别的几个企业的高级领导人作为被激励对象，其效果将会大打折扣。我们可以通过伊利和蒙牛比较来说明这个问题。

伊利股份在前董事长被捕后，新一届董事会很快形成，这一届董事会核心特点大部分都是年轻人。新董事会诞生后，大股东意识到没有把管理层的利益和公司的利益、股东的利益结合在一起的问题，很快就在伊利管理层推行了股权激励，然而这个股权激励的特点是集中的对董事长和总经理进行激励，其中 4 个核心高管授予的股份占本次股权激励总股份的 60%。大量的中低层管理人员，要么是很少的一点激励，要么是根本没有。这样的激励并不是最佳的，激励面太窄。

同城乳业巨头蒙牛公司的股权激励是几百个中高层管理人员，共同成立一家公司，通过这家公司几乎蒙牛所有的管理人员都成了蒙牛公司的股东，而在这个公司里，董事长牛根生虽然是他一手从无到有把蒙牛做成乳业巨头，但他所占的股份只有 6.1%，其他核心人员占的股份也都不多。蒙牛的激励机制特点是：管理层普遍激励。而且董事长牛根生独创了一种股权管理方法，那就是属于牛根生的股份，在牛根生退出董事长岗位的时候，将自动由新的董事长继承。而新董事长退下来时，这个股份由下一届接班人来继承。也就是说，属于牛根生的股份将来变成了董事长这个岗位的股份，谁是董事长，谁就自动得到了这个股份的表决权和受益权，而一旦脱离董事长这个职位，这个股份不能带走，这个股份是专属于董事长这个岗位的。

我们把蒙牛和伊利的股权进行一下对比，就可以感受到蒙牛的股权激励比伊利的股权激励高明，二者不是一个层次的股权激励。蒙牛的股权激励为管理层众志成城、共同奋斗打下了基础，同时也让每一届董事长有了权威，有了责任，有了获取高回报的基础条件。伊利集中地对几个人激励，大部分其他管理成员没有得到足够的激励，而且对几个人的激励是终身的授股。一旦由于某种原因，现在的董事长和总经理不再担任伊利的高管，他们也将把伊利授予他们的股份带走，新的董事长和总经理又变成了没有激励、没有和公司利益全面捆绑的制度安排。所以在2004年之后，蒙牛首先是从伊利手里夺取了中国乳业老大的地位。到2006年，蒙牛的利润额是6亿元人民币，而伊利的利润仅仅为3个亿。短短两年，伊利已经和蒙牛不是一个层次上的公司。原因何在？两个公司处于同一个城市里，各方面的外部因素都是一样的，唯一的差别就是管理层以及管理层的股权激励关系不一样。伊利和蒙牛的差距是治理结构的差距，是股东素质的差距。伊利和蒙牛的竞争是治理结构的竞争，是股东素质的竞争，因为除此之外蒙牛和伊利没有任何差别。

显然，正是这个差别造成了伊利和蒙牛的差距。这种情况深刻的证明了，企业的发展当其他各方面条件都一样的条件下，管理层与企业大股东的和谐与否，以及企业为此采取的股权激励方式恰当与否，是企业发展的最根本的内部因素。股权激励之所以重要，在于在当今的市场竞争中，竞争环境瞬息万变，企业要想在这种环境中成长，企业的带头人和管理团队必须起早贪黑拼命工作。那么怎么样让管理层自觉自愿地拼命工作，就成了企业发展的关键。股权激励和管理层持股可以让管理层自愿地拼命地工作，因为任何一个人在理智的范畴内都是以个人利益最大化作为工作的动力，这是天经地义的。管理者有管理者独立的利益，让管理者自觉地服务于所有者的利益是不可能的。在所有权与管理权分离的情况下，企业的管理者们的工作是更多地服务于所有者的利益，还是更多地自我服务，这是企业最重大的问题。所以，企业必须使得管理层有一种正常的合法的获取巨大个人利益的机制，有这样一个机制就可以充分利用管理层为自身利益最大化工作的愿望，实现企业利益和股东利益最大化的效果。如果企业不能让管理层以合法的方法获取利益，那么管理层必然的会以非法的手段实现个人利益最大化，而这种做法将必定是以伤害公司、伤害股东利益为代价的。出现这种情况，首先应该被批判的是企业的股东，其次才是管理层。所以在公司价值判断和选择的过程中，一定要把公司的治理结构和管理层与公司的关系作为最重要的考察点。

当然有个别公司的经营和发展几乎不特别依赖于管理层，比如“长江电力”的经营完全决定于长江的水流量，管理层几乎不影响经营。但大部分企业，尤其是竞争型的企业，企业管理层的能力以及企业管理层与企业的利益和股东的利益是否一致，是企业是否能健康、稳定、长期发展的根本，若管理层和企业没有形成同舟共济的局面，企业可能在一时一事上有较好的表现，但是它的长期稳定性和持续发展缺乏内在凝聚力做保障，在一个较长的时间段内企业必将发生动荡和不稳定的波动。我们作为价值投资者，在选择企业的过程中，治理结构和管理层的关系是一个重要的和必须要考察的价值发现点。你可以不了解这个企业的具体经营过程，也可以不了解这个企业的业务特征，但是你绝对不能不了解这个企业的治理结构和管理层与企业的关系，如果你对此不足够重视的话，必定会埋下各种隐患。

股权激励的起源在中国，中国最早的股权激励出现在500年前，其制度之完善，使用之普遍，对经营的促进之明显，比现在的美国也有过之无不及。晋商在500年前就全面大力度地创造和广泛使用了股权激励，由于晋商的分支机构分布在全国各地，大的晋商有时会有上百家分支机构，由此对管理提出更高要求，于是“人身顶股制”被发明。各分支机构的大掌柜（总经理）一般以人身顶分支机构10%的股份，伙计（普通职员）以人身顶1%～3%的股份。人身顶股制是晋商成功的最重要原因之一，它使得东家（股东）、掌柜（高管）、伙计（职员）的利益完全地统一在一起。只有而且只要公司挣钱，东家、掌柜、伙计就能挣钱。

晋商所开的票号（银行）几百年来，研究者没有找到一件内部贪污或里外联合骗贷的记录。这个制度极大地促进了晋商发展，促进了中国商业的发展，人身顶股制实质就是股权激励制度。

我们一直认为，价值是人创造的。沙特阿拉伯的财富不叫价值，新加坡的财富才是价值。因为新加坡财富是人创造出来的，沙特是靠运气得来的。人是财富、价值产生的核心，只有把人们紧密地团结起来，把人的积极性调动起来，把人的创造性发挥出来，在一定的外部条件和一定的物质条件下财富才会被创造出来，股权激励正是起到了把人团结起来，把人调动起来，把人的能力发挥出来的作用。股权激励给企业注入了团结的因素，注入了积极主动工作的动力，注入了稳定的因素和长期发展的因素，所以这一制度会促进公司发展。

公开信息是价值判断的源泉

在前面的阐述和讨论中，我们对决定企业价值和成长中的内、外部因素进行了介绍。显然，要评估企业价值，就必须对影响企业成长价值的内外部因素全面了解，全面掌握。无论是获取企业外部信息，还是获取内部信息，都是投资者评估企业价值、选择投资对象的前提工作，没有对企业各方面情况和信息的了解，不可能对企业未来和价值有正确的把握。现在我们将对如何获得与企业有关的信息做介绍。

1. 价值判断不需要内幕消息

价值判断，从来不信小道消息和内幕消息，相信内幕消息的人永远不可能是价值投资者，价值投资者永远不会对内幕消息感兴趣，价值投资者往往会主动远离内幕消息。

内幕消息有什么不好，价值投资者为什么要排斥它？我们的回答是：因为价值投资者考虑的是三年之后企业的状况和盛衰，价值投资者关注的是企业的长期发展前景。内幕消息看似神秘，好像对股价影响巨大，但内幕消息常常是流于表面的，它对股价的影响常常是短期的。也许它对股价的影响会超过一周，但从来就没有超过一个月的。比如：作为最常见的内幕消息——公司的年报业绩或季报业绩，人们竞相追逐，竞相探寻，但这个具体业绩收入对股价的影响，时间和程度大家都知道，是非常短、非常小的。对股价产生不超过一个月的影响因素，对价值投资没有太大意义，不值得价值投资者在意。

2. 内幕消息价值投资者早就知道

所谓的内幕消息，虽然没有任何内幕人士私下告诉价值投资者，其实价值投资者早就知道了。价值投资者已经深刻地认识、把握、洞察了企业的组织体系、企业战略、管理水平、行业发展阶段、企业的行业地位、行业的竞争局势以及竞争局势的演化方向。他们已经给所投资的企业做过了一次全面深入的“X光透视”和“CT检查”，支持企业发展的各关键要素，以及这些关键要素之间的互相联系和未来发展，无一不被价值投资者深刻把握和了解。对所谓的内幕消息的具体内容和发生时间，价值投资人可能不太清楚，但涉及的领域、范围、对公司的影响程度，投资人早就知道。这一点，原步步高公司总裁、后转型为职业投资家的段永平体会得最深，他说：“真正的投资人是有内幕消息。这个内幕消息是指好的投资人可以看到企业3年以后的情况。这一点连CEO都不一定能看到，你说这是不是内幕消息。”段永平说的是投资的真谛，好的投资人已经看到企业3年以后的情况了，甚至是10年以后的情况，所以他不需要内幕消息来帮助。其实巴菲特参内幕消息有更深刻和更正确的认识，他说：“要想亏损就去听内幕消息吧！”

3. 重要的信息都在公开消息中

不靠内幕消息，我们怎么实现对企业价值和发展的把握？我们怎么对企业的组织体系、企业战略、管理水平、行业地位、竞争状况进行把握和洞察呢？我们的回答是一切都在公开消息之中，一切都在触手可及、显而易见的公开消息之中。重要的信息无一不在公开消息中，被全面、充分、完整地包括。世界上一切重要的本质特征无一不被现象所反映，没有不通过现象表现出来的本质，公开信息中所包含的各种现象和信息是我们把握洞察企业基本价值的向导和途径。

公开消息中包含的有价值信息有个特点，它们存在于各种各样的公开信息中，但却被一层很薄很薄的窗户纸包裹着，你在获取它们时需要把这层窗户纸剥开捅破。作为企业最重要公开信息来源的企业年报中几乎100%包括了企业的价值评估的全部信息（非常遗憾，有超过80%的炒股者从来不看年报）。你在阅读企业年报时，如果不能带着思考去看，大部分情况下，年报会成为较为有效的催眠工具。年报表面上看都有枯燥、冗长、拐弯抹角的特点，但这丝毫不改变其黄金万两的本色，你只要想点办法就可能把年报中的黄金挖出来。

公开信息本身具有量大和杂乱的特点，我们在具体处理中，应该寻找几个具有代表性的考察点和分析点。先考虑好自己选择需要哪些信息点，作为把握企业的观察点，不要一股脑儿来者不拒，把各种公开信息全放在自己的办公桌上，这样既没有效率，又可能迷失在杂乱的现象中。

以下是我们利用公开信息，并选取几个简单的观察点成功把握中兴通讯内在价值、长期持有获得回报的过程：

中兴通讯，我们到2006年末已经投资了4年，回报400%，但坦率地讲，中兴通讯并不是一家容易把握的简单公司。由于是高技术的通讯设备公司，所以无论是产品还是行业都非常复杂，除非是专业通讯技术人员，否则很难对其有很清晰的了解。在这样的情况下，我们对中兴通讯的分析和把握主要是通过对公开信息中的信息进行分析。我们认定中兴通讯是一家真正有发展前途的高科技企业，是基于年报中公开发表的公司员工人数和员工学历做出的。表2－11和表2－12是公司2003年和2004年年报中提供的公司员工教育程度分类信息。

表2－11　2003年中兴通讯公司员工教育程度情况

2003年公司员工按教育程度分类

类别	人员数
博士	327
硕士	4433
学士	6998

表 2－12　2004 年中兴通讯公司员工教育程度情况表

2004 年公司员工按教育程度分类

类别	人员数
博士	428
硕士	6131
学士	10046

一家公司的博士、硕士人数如此之多，在中国是罕见的，更重要的是，公司的高级人才数量还在逐年增长。这样的人才比例，如果不是用来做高科技开发，用这么多博士、硕士干什么。如果不是公司的产品和经营被市场接受有良好的经营业绩，公司拿什么来养活这些博士、硕士。对这则公开信息的分析，我们确信公司是一家有实力有前途的真正高科技公司，坚定了买入和持有的信心。

2004 年之后，中兴的公司战略发生了调整，公司开始了国际化经营。国际化经营怎么样？进展顺利吗？我们需要了解把握公司的国际化进程和情况，但又不能去国际市场去访问。我们通过跟踪查阅中兴通讯公司网站上的招聘信息，得出国际化进程正在不断推进，进展顺利。

在中兴启动国际化战略后，中兴通讯网站的人才招聘栏下大量出现了急招懂英语、法语、葡萄牙语维护工程师的招聘广告。通过对这些招聘信息的分析，我们确认对大量懂外语的技术人才的急迫需要表明了公司的国际化打开了市场。否则就用不着这么多的懂外语的维护工程师呀！这些懂外语的维护工程师是为了满足国际市场开拓的需要。对公开信息的分析，让我们很容易获取中兴国际化进程的实情。

社会和历史中有大量的利用公开信息进行综合分析，获取重大的经济和军事情报的案例。

二次世界大战发生之前，已经做好了全面发动战争准备的希特勒突然被法国一家地方小报的一篇文章惊出一身冷汗。这家报纸发表了德国军事实力分析，相关的数据和信息与希特勒真实的军事实力和军事部署完全一样，这让希特勒相信自己的身边一定出现了一个大叛徒。很快，德军的谍报组织将文章的作者绑架到了德国，没有严刑拷打，审讯很快结束。文章的作者告诉德方，其本人是一个军事爱好者，长期关注德国的公开媒体，通过剪报的方式，将希特勒到哪个部队去演讲，到哪里去视察，以及哪个部队的军官获得什么样的嘉奖新闻收集起来，然后综合分析，得出了自己所认为的德国军事实力。作者自己没有一个德国朋友，更没有一个德军谍报人员向他提供信息，这让德方目瞪口呆！

信息随处可取、随处可得，通过一定的方式与方法，经过认真的思考、提炼与加工，就能获得有价值的决策依据。以下又是一个从随处可取的信息中获取重要经济情报的真实案例：

20 世纪 60 年代初，日本人通过中国的《人民日报》敏锐地发觉，北京的公共汽车上的那个瓦斯大气包不见了，由此推断中国汽油缺乏已告缓解。不久，《人民日报》又登出铁人王进喜扛着钻井机部件行进在风雪中的照片。日本人精于分析，从图片中王进喜行进在风雪中的场景，推断油田就在东北人迹罕至的地带。继而，日本人预计中国开发这个油田就得进口技术和设备，东北高寒地带原油外运有困难，必须就地提炼，因此又需要进口原油提炼设备。果不其然，4 年后中国就炼油成套设备向国际招标，在别国茫然无知的情况下，日本某公司却轻松夺标。原因在于，日本人 4 年前就从《人民日报》这个公开的信息传媒上通过“情报分析”准确地获取了“中国将来要进口成套炼油设备”的重大经济情报。

我们已经不需要再证明了，公开信息的确是价值发现的源泉！

4. 获得信息一定要亲自调查研究

投资这项工作的职业特点就是，任何时候你必须有自己的思想，无论正确和错误，拥有自己的思想，并依据自己的思想做出投资决策是这个职业的内在的本质要求。这就要求投资者必须自己亲自去调查研究，尽量利用原始材料和一手资料做思考，不要偷懒，不要把别人的观点拿来就用，尤其是投资大师、著名专家、著名分析师、著名投资机构从来不会给你提供对你有用的东西。这种说法并不是说他们提供的东西是无用的，而是那是人家的，不是你的，你必须要有你自己的独立的思想。

当你本身不亲自调查研究，完全要参看他人的观点时，你的大脑就是一个标准的思想垃圾箱，这个垃圾箱和其他垃圾箱的共同点是装的都是垃圾，不同点是思想垃圾箱可以装无限多的垃圾，无限多的垃圾比有限的垃圾危害更严重。

事实上，企业的客观情况、企业未来的形势并不是一个隐形吝啬鬼，并不是躲起来不想让你发现它，恰恰相反，它们是非常光明磊落的，它们存在于你可以接触到的任何地方，企业的产品、企业员工的工资以及其他随处可见的事情中都包含着企业未来发展的信息，你只要稍微多观察一下，稍微多思考一下，得出结论并不困难。

即使由自己独立调查研究、独立思考后所得出来的观点事后被证明是错误的、赔了钱，也比没有独立调查研究、独立思考仅追随别人的思想而取得收益、挣到钱强一万倍。因为当你自己的思想被证明是错误的时候，事实上有可能已经知道什么是正确的了，从而以后你会因为拥有了正确的观点得到更多的利益。反之，拿别人的思想你挣到钱了，但你终究不明白其中的道理。

5 分钟可以判断一个企业的价值

经历了上文这么多的阐述和探讨，仿佛企业的价值判断是一个非常复杂、非常艰辛的工作，其实不然，企业价值评估和价值判断非常容易。巴菲特曾说过一句简单的话："如果我不能在 5 分钟内判断一个公司值不值得投资的话，那么我绝对不会用几个星期的时间来评价这个公司。"巴菲特言下之意，他可以在 5 分钟之内判断一个公司有没有投资价值，如果 5 分钟之内无法判断，一方面可能是超出了巴菲特的能力圈，另一方面可能就是这种公司不值得投资。巴菲特的观点一开始使我们非常惊讶，几十亿的资金就凭 5 分钟就决定投资，这严肃吗？这不是儿戏吗？

其实，和巴菲特评估股票只用 5 分钟一样的事在我们身边普遍存在，我们知道中医尤其是老中医，看病甚至不超过 5 分钟，就凭望、闻、问、切，能不能治、怎么治，马上就有结果了，要么给你开出药方，要么告诉你他治不了。

目前在市场上普遍流行的投资分析方法其核心特征是化简为繁，许多所谓大的投资机构所提供的研究报告总是扬扬洒洒数万言，从联合国改革到伊拉克危机无所不包，其中大量的数学公式、方程曲线给人一种感觉，仿佛投资分析就只能如此，总是需要极端高深的技能和知识，需要很多的人力、精力的投入。现在巴菲特提出的 5 分钟之内就能决定是否投资，让我们坚信投资分析有简单方法和手段，不需要那么复杂。个人投资者应该走"中医"之路，走巴菲特的 5 分钟之内估定价值之路。

以下是在短时间之内价值评估的方法，这种方法基本上可以在很短的时间内形成对一个企业的基本判断。

一是公司的产品特征是基础。任何一个企业都是提供产品和服务的，每一种产品都有客观的、不可改变的特殊属性，这些产品特征决定了这个行业的经营特征、竞争形态。比如水泥行业，由于水泥的物理特征是比较重，1 吨水泥的售价一般就几百元，所以水泥不能够长途贩运，长途运输的价格比水泥本身的价格还高。1 吨水泥运输到 500 公里外的运输价格就超过了水泥的价格，运到目的地就没有竞争力了。这种产品的特征决定了水泥企业的竞争没有大规模的竞争，基本上是当地企业之间的区域竞争，不存在全球性竞争和全国性竞争，在对水泥企业进行估值时就不必考虑全球化的影响。水泥企业的局部竞争这种产业特征实际上是由水泥的物理性质决定的。

因此我们可以通过对产品的物理性质、化学性质、使用特征等产品特点来推判产业的经营特征和竞争特点。产品特点是形成经营特征和竞争特点的基础决定因素，通过对产品特征的研究可以确定这个产业的特点。

二是需求特点。任何一个产品、任何一个企业都是为满足一个具体需要来谋求发展，每一种需要都有自己独特的需求特征。一般来说，需求规模大、需求存在时间长，这样的需求特征有利于企业发展。现在社会分工越来越细，有很多企业走的是细分市场的策略，专门满足一个特定的市场。在这种特定的市场中经营，企业的发展主要由市场的需求特征决定，若需求过于小，那么这种情况就不利于企业的发展。同时，需求的稳定性要好，需求的波动性要小。

茅台和云南白药这两只股票，我们更看好茅台，原因就是二者的需求特征不一样。茅台的需求是一种享受型需求，人的享受需求是无限的；而云南白药的需求是被动型需求，人只有在受伤的时候才使用这种产品，而且人是主动回避这种需求的。社会进步、经济发展、消费提升会拉动对茅台的需求。

三是竞争结构。任何一个企业的经营都是在一个竞争关系中存在和发展的，如果一个行业里竞争是无序的，新的进入者只要它想进入，很快就可以参加到竞争中来，那么这样的竞争结构将很难产生出强势大企业来。比如公路运输行业和印刷行业都是这样的。如果在一个竞争厂家数量相对适中，行业进入有充足的壁垒和困难，这样的竞争结构下企业的竞争相对趋于稳定，在这样的环境中企业可以通过降低成本、改良产品、加强营销、充分发挥自己的主观能动性，就有可能取得成长优势，比如航空运输行业和啤酒行业。

四是企业的治理结构和股权结构。从本质上讲，财富是人创造的，人是财富产生的根本源泉，所以一个企业中，企业的经营管理层必须要有创造的欲望和创造的能力，创造的能力不必说，市场经济就是能力经济，只有有能力的人才能推动企业的发展，企业的经营者必须要有能力。同时企业的管理层愿意发挥能力、愿意创造，而且企业能留得住能人，这就要求企业的治理结构一定要实现企业的利益与管理层的利益深刻全面的统一，使得管理层相信企业的发展就等于自己的发展，自己的发展只能通过企业的发展来达到。这样管理层的能力对企业来说就是正的能力，否则管理层的能力将会成为阻碍企业发展的负能力，因此企业要有管理层和企业同舟共济的机制。

著名蓝筹股“伊利股份”身上发生的事是一个很好的实例，能证明管理层与公司形成同舟共济的机制是多么重要。这几年来伊利股份动荡不断，先是2004年爆发中国股市第一个罢免独董事件，接着是创业领袖郑俊怀被捕，之后潘刚上任。这一系列变化的结果是，伊利作为老大哥，已经被“小兄弟”蒙牛追上，并且把伊利甩在身后。其根本原因就是伊利的治理结构不合理，管理层激励机制不健全。伊利身上发生的事可以证明合理的治理结构和良好的激励机制对企业的发展是多么重要啊!

五是透视企业的战略选择。对于企业经营来说和投资是一样的，战略选择对企业的成败和发展至关重要，企业的经营环境瞬息万变，企业的经营方向、产品选择、资源投入都必须进行动态的优化，这一过程实际上反映出了企业的战略把握和战略优化能力。只有能正确把握产业发展方向，为企业寻找到真正有战略出路的发展方向、经营方式的企业才有成长能力和成长可能。所以投资者要不断地观察企业在内外部环境发生重大变化时的应对措施是否反映出正确的战略，从而来判断企业战略把握能力。

六是产品市场占有率。企业的市场占有率是判断企业经营能力最主要的指标，占有率就相当于学生的考试成绩，不管你采用何种经营方式和管理方式，最终要的是经营成果，要的是市场占有率和学习成绩。

以上就是我们总结出的在短时期内把握公司价值的一些经验。

第三章

熊市里安全边际会频繁出现

为什么熊市里安全边际会频繁出现？如果你经历过熊市，你一定知道在熊市里，市场下跌的方式是一种不分好坏的整体性下跌。市场走熊后，好股票也罢坏股票也罢，大家一起下跌，该跌的跌，不该跌的也跌，山崩地裂，泥沙俱下，根本不讲价值，不分好坏。正是这种不分好坏的下跌，造就了安全边际！

为什么熊市里安全边际会频繁出现？如果你经历过熊市，你一定知道在熊市里市场下跌的方式，是一种不分好坏整体性下跌。市场走熊后，好股票也罢坏股票也罢，大家一起下跌。该跌的跌，不该跌的也跌，山崩地裂，泥沙俱下，根本不讲价值，不分好坏。我们说安全边际是价格低于价值时的投资机会，这种机会的出现有两种方式，一种方式是价格不变，价值提升；另一种方式是价值不变，价格下跌。当有价值的股票在价格下跌后，其唯一的结果是形成投资机会。这种价值不变、价格猛跌的情况在熊市下跌的过程中普遍存在，到处都是，因此在熊市中安全边际大量存在。

熊市中安全边际会频繁出现的原因还与熊市中股票整体的估值水平偏低有关。正如大家所知道的，股市无论在什么时候都不是平稳和安静的，股市天天波动，股价天天波动，有好消息向上波动，有坏消息向下波动。熊市里大家普遍压抑，普遍对好消息麻木，对坏消息敏感。在熊市一旦有什么坏消息，人们会纷纷夺路而逃，以避免可能根本就不存在的更大的“损失”。股价本已低估，又遭遇非理性下跌，这时的安全性价值度更大。

由此可见，熊市里的坏消息是真正的在创造更大的安全边际和更大的投资价值啊！真正的事实是——熊市里到处是黄金和黑马！

重要的价值投资方法——安全边际

价格必然的、无时无刻的、不断地围绕着价值做上下波动，这是价值规律告诉我们的。在这种不断的、永不停息的波动过程中，如果价格过低地低于价值，它会必然的、不可避免的通过价格上涨的方式向价值回归。如果价格过高地偏离价值，它必然的、不可避免的通过下跌的方式向价值回归。这种规律性价格变化为我们提供了低买高卖的机会。我们在价格较大幅度地低于价值时买入，然后等待价格在价值规律的作用下向价值回归，当价格回归到价值附近时我们卖出手中的股票，这就是安全边际操作方法的基本做法。安全边际就是价格过低地低于价值的时候，形成的价格与价值的较大的偏差，在这个时候买入股票，毫无疑问是安全的，所以称为“安全边际”。

现代证券分析创始人、巴菲特最尊敬的导师格雷厄姆认为：“安全边际是价值投资的核心。由于公司股票的市场价格涨落不定，股票的内在价值与当前交易价格通常是不相等的。但许多公司具有相对稳定的内在价值，训练有素且勤勉的投资者能够精确合理地衡量这一内在价值。安全边际的价值投资策略，就是指投资者通过公司的内在价值的估算，比较其内在价值与公司股票价格之间的差价，当两者之间的差价（即安全边际）达到较大的程度时果断买入该公司股票进行投资。从根本上讲，价格波动对真正的投资者提供了重要机会；当价格大幅下跌后，提供给投资者低价买入的机会；当价格大幅上涨后，提供给投资者高价卖出的机会。判断证券价格过低还是过高的最基本的方法是拿其价格和其所属企业整体的价值进行比较。”

格雷厄姆最后就安全边际总结说：“我大胆地将成功投资的秘密

精炼成四个字的座右铭——安全边际!”巴菲特指出:“投资人成功的根本原因，在于他们利用市场无效性所产生的价格与价值之间的偏差，投资人成功的根本原因就是利用安全边际!”

安全边际投资方法大家可能并不陌生，和股评家天天说的“高抛低吸”表面上很有点相似，但问题是面对股评家的“高抛低吸”大部分投资者无所适从，因为高与低的判断依据是什么?高到多大幅度抛，低到什么程度吸，股评家没有说明，也没有提出判断的原理、规则和方法。安全边际投资方法的高抛低吸是以价值为基础，以企业内在价值为尺度，对价格高与低进行判断，当价格较大幅度的低于企业内在价值时买入，当价格高于企业内在价值时卖出手中的股票。表面上安全边际投资方法与股评家的“高抛低吸”没有差别，但本质上二者完全不一样。安全边际是以企业的内在价值为抛和吸的基础，而股评家的“高抛低吸”只有鬼知道他的高、低判断依据是什么!基于此格雷厄姆说:“安全边际概念可以被用来作为试金石，以区别投资操作与投机操作。”

在我们知道什么是安全边际投资方法之后，一个新的问题立即出现在我们面前，那就是确定价格足够低于价值，低到什么程度就是价格足够低于价值，就是安全边际?这个问题对安全边际投资方法的确非常重要，因为它直接决定了操作的成败和获利的多少。

安全边际之父格雷厄姆给出了用以确定价格和价值偏离到多大程度可以买入的原则——安全边际原则。格雷厄姆认为，应该用以下原则来确定价格与价值的偏差是否值得买入:“值得买入的偏离幅度必须使买入是安全的。最佳的买点是即使不上涨，买入后也不会出现亏损，这种情况下买入就是安全的，此时就可以买入。”格雷厄姆把买入后即使不涨也不会亏损的买入价格与价值的偏差称为安全边际（见下图3－1）。

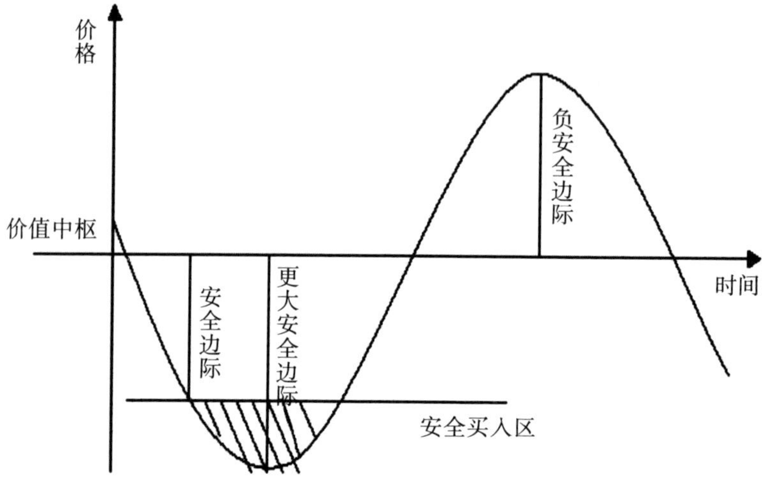

图 3－1　安全边际示意图

格雷厄姆给出的是一个原则，这个原则的核心是即使不挣钱也是安全的，也不会赔钱。同时安全边际越大越好，安全边际越大，安全度和获利空间就会自然提高。可以看出这一原则也比较抽象，没有给出量化的尺度和标准。

如何对安全边际的大小进行量化呢?

安全边际的合理经验值

根据我们的投资实践研究总结，价格和价值的偏离程度一般超过10%以上才可以作为安全边际，价格和价值的偏离程度小于10%，缺乏安全性，最小的安全边际应该是价格与价值的偏离程度大于等于10%。价格和价值的偏离程度小于10%时不应该买入股票，原因在于:

首先，小于10%时价格受价值的约束和吸引不强烈，股价变化随机性强。偏差大于10%时价值对价格的约束和吸引力强烈，价格变化的方向性和确定性越明确。

其次，如果价格和价值的偏差小于10%不利于实际操作，实际操作中需要安全边际大于10%。因为在具体操作中，一般情况下我们不会一次买入，会分仓买入，分步建仓，以降低风险，我们需要多个买点。比如说3个买点，在第一次买入后股价如果上涨了，第二次、第三次买入价格要比第一次买入高，如果安全边际小于10%，后两次的买入成本很高利润太小，风险增加。只有在安全边际大于10%之后，即使首次买入后股价上涨，第二次、第三次的买入成本也不会太高，风险较小，而收益会大。小于10%的安全边际就会使分仓买入后的总成本抬高，风险增加，收入减少。价格和价值的偏离程度超过10%以上作为安全边际的起码条件，但并不是过10%就一定要买，在大于10%的安全边际下，买与不买要结合个股当时的具体情况。

第三，股价波动是难以准确预测的，尽管股价长期来说具有向价值回归的趋势，但何时回归、如何回归是不确定的。企业内在价值也是很难精确评估的，企业内在价值评估往往有误差，且这种误差又是不能完全避免的。为了弥补价值评估的误差和股价向价值回归在时间上的不确定性风险，价值投资人在确定安全边际的幅度时需要较大的安全区域，以确保在较小的风险程度下取得满意的投资收益率。

第四，安全边际出现之后往往会出现更大的安全边际，安全边际常常是一个区域，而不是一个点。股价与价值的偏离程度达到10%之后，虽然在此时买入是相对安全的，但股价在大部分情况下会继续下跌，形成更大的安全边际，并且股价在安全边际之下往往会停留一段时间，形成一个安全买入区。当出现了股价低于价值10%时立即买入并不是最佳选择，再等一等、看一看，捕捉更佳的买入时机常常比安全边际一出现就买入效果要好。

下面是我们介绍的一个30%安全边际的案例，说明在安全边际大于10%时，买股票也要慎重。

在2004年，上市公司普遍发生委托证券公司理财的情况。由于当时中国股市特别低迷，导致大量证券商面临破产，市场上发生了大量的上市公司委托理财被证券公司挪用，无法归还上市公司，证券公司又已经面临破产，上市公司的钱极有可能将打了水漂。市场上不断爆发这样的事，在这种背景下只要哪家公司公布或被猜测有委托理财的行为，股价马上就下跌。

2004年夏天，一向风平浪静、好事不断的伊利股份其独立董事突然以公开信的方式向市场揭露，伊利公司也有用几亿的资金委托某券商进行投资的行为，而且这个资金是未经董事会同意由董事长和副董事长两人私下做主。这笔钱的实际去向是以委托理财为幌子，被董事长控制用以收购伊利股票，从而实现董事长对伊利的控股，目前这笔钱存在风险。消息一出，市场哗然，股价应声而跌，立竿见影。

大家知道，如果一个ST公司、一个劣质的公司无论发生什么坏消息都不太引起市场的关注，因为这些公司一天到晚发布坏消息，人们都习惯了。而伊利是中国最成功的成长股，被评为全国最受投资者喜爱的上市公司，超级蓝筹成长股，这样一个公司突然爆出这么大的负面消息，市场一下子把目光都聚焦到伊利。全国的财经记者和普通媒体记者，纷纷杀往呼和浩特、杀往伊利。说一个好公司的好话不算新闻，报道一个好公司的坏事，就是特大新闻，于是新闻记者特别卖劲，什么《变味的伊利》、什么《3.2亿有去无回》的文章铺天盖地，股价不断下跌，市场人心惶惶。

当经历了一连串的坏消息和媒体任意的放大之后，伊利股价从14

元跌到了9元，此时市场上还在深究伊利背后更大的坏消息，分析师预测股价会跌到7元。在这种背景下，我们专门抽出时间去超市问销售人员，伊利最近发生的事知不知道，得到的回答是从来不知道这些事情，同时他们认为这个事不影响伊利的销售。于是我们开始觉得这个负面消息带来的下跌，极有可能是机会。

股价不断下跌的过程中，越来越多的新闻信息反映出的一个事实是，这个事件很大程度上是董事长和独立董事之间矛盾的反映，几亿资金被董事长挪用，可能有也可能没有。独立董事不断揭露董事长以权谋私，而董事长干脆召开临时股东大会罢免独立董事，于是中国资本市场第一起罢免独立董事的事件上演了。8月份罢免独董的临时股东会议召开，我们一路风尘仆仆赶到了会场。在会议上，大机构的代表们气急败坏，本来是个罢免独董的会议，这些大机构的代表根本就不关心这个议案，不断地拍着桌子向董事长狂喊，“你说那几亿是不是挪用了，能不能收回?”董事长则不断地说着一些“嗯、啊、也许、可能、或者、大概……”机构代表不断地打断董事长提高嗓音狂喊“我问的你是能不能收回”。一上午的会议在这样的气氛中结束了。会后，我们和过去访问伊利公司一样进入了工厂。在工厂里，我们感到困扰伊利的这个事件，紧张的气氛仅仅限于办公楼。在工厂里，没有一点迹象表明伊利高管之间有什么矛盾。车间里工人们在生产，车间办公室里有人在开办公会。由于多次访问过伊利，认识一个伊利的保安人员，与这个保安简单寒暄，问他公司最近出了点事，你知道吗?他说，“知道，有什么大不了的，真不明白股市，这么点事就跌了几元钱，工厂还不是照样生产，照样加班加点，照样工资增加吗?股市真是莫名其妙。”（在临时股东会结束后，我们曾与董事会秘书专门谈了10分钟，他也向我们表示没什么事，但我们更愿意听保安的观点。）

当离开伊利时，我们已经坚定地下了决心，伊利没有问题，股价下跌的真正原因是股东大会上那些急躁的机构代表们，是他们的慌乱和沉不住气的抛售，造成伊利股价下跌，而伊利的基本面和生产经营没有任何实质性改变，这件事情也不会影响公司的发展。而且董事长确有挪用的事情，在这么大的压力下，也会把钱还回来。现在必须买入，必须疯狂地买入，否则会丧失机会。

我们在 9 元开始买入一路买到 10 元，此后股价缓慢上升，两个月后股价站到了 12 元。如图 3 – 2。

我们的买入价格比伊利的内在价值至少低了 25% ~30%，也就是说当时的安全边际至少是 25% 以上，若在 10% 的安全边际位买入恐怕要经历一个痛苦和揪心的被套过程。当然，由于是在有安全边际的情况下买入，最终不会被套的，只是少挣了，因为安全边际在保护你。

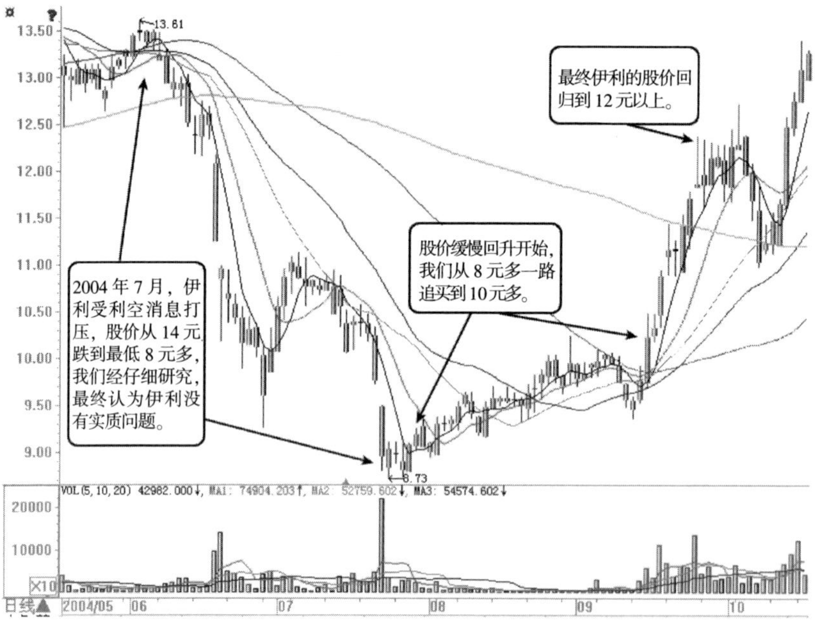

图 3 – 2　伊利股份 2004 年 6 月到 10 月走势图

通过实例说明10%的安全边际是一个起码的条件，不到10%不要买，而到了10%之后，买与不买还要根据到时的情况，综合分析决定，原则上应该再观望一下。

从以上的介绍中我们看到，安全边际就是价格与价值10%以上的偏差，这样就产生了一个问题，这种较大的偏差在什么时候出现，其出现和发生有没有规律？答案是肯定的，较大的安全边际出现是有规律的。

安全边际出现的条件和规律

1. 坏消息是安全边际出现的诱因

促使安全边际出现的第一个条件，是与企业相关的坏的负面消息发生，有坏事和坏消息就可能令股票出现安全边际。安全边际常常是伴随着坏消息、坏事情而出现的，作为可以给我们带来收益的安全边际，其性格是吃“坏”不吃“好”。比如：在上文中提到的伊利股份，因为高管层出事，高级管理层矛盾，相伴而来的是伊利股份出现了较大的安全边际。大的安全边际几乎90%以上出现在市场预期之外的、突发的、较大的利空事件和坏消息发生之时。大的利空事件和利空消息越在预期之外，越是人们没想到的，越能促进安全边际的扩展。利空事件和利空消息与大的安全边际的关系，就像本体和影子一样相伴相随、不可分割、同时出现、同时消失。如果我们喜欢发现大的安全边际，就必须同时喜欢并善于分析、把握重大的利空事件和坏消息。我们必须能够在令人不快、看似可怕的利空消息中保持理性，并用理性发现机会。可以说寻找大的安全边际实质上就是在人人讨厌、人人避之的重大的坏消息、倒霉事件中，寻找到低吸的机会。因为，一家企业如果不断在好消息包围下股价就会不断上升，企业一路凯歌，好事不断，一般不会出现安全边际。想买这只股票只能去追高，没有低买的机会。而从来既不产生好消息也不产生坏消息的企业股价平稳，没有大的波动，也没有低买的机会，只有在坏消息出现时股价才会跌，才会给我们低价买入的机会。

2. 优质企业是安全边际出现的基础

并不是一切企业发生利空都会百分之百地形成安全边际。利空越是发生在好的优质企业或稳定经营的企业上，越容易形成安全边际。因为优质企业的价值中枢和内在价值是稳定的。突发利空事件，只能影响一时，随着时间的推移，利空事件会逐渐被消化。好的优质企业和稳定经营的企业，它们的内在价值稳定，抗空袭能力强，利空事件很难一下子将这样企业的发展趋势逆转，利空制造的下跌往往是短期影响。关于这一点，格雷厄姆有较为清楚的阐述，他说：

> 足够的安全边际往往出现在具有持续竞争优势的企业出现暂时性的重大问题时。尽管这些问题非常严重，但属于暂时性质，对公司长期的竞争优势和盈利能力没有根本性的影响。如果市场在企业出现问题后，发生恐慌，大量抛售股票导致股价大幅下跌，使公司股票被严重低估，这时将给价值投资人带来足够的安全边际和巨大的盈利机会。随着企业解决问题后，恢复正常经营，市场重新认识到其长期盈利能力丝毫无损时，股价将大幅回升。企业稳定的持续竞争优势和长期盈利能力是保障投资本金的安全性和盈利性的根本原因所在。

可以看出，应用安全边际原则进行投资的大好机会出现在优秀的企业被暂时的巨大问题所困扰，而导致其股票被市场过度低估的时候。优秀的企业是安全边际出现的最重要基础，没有这个基础就不会出现安全边际，而是实质下跌。比如，很多ST股和劣质股，内在价值不确定或者根本就无内在价值，它们天天出利空，对它们来说，利空出现时股价会单边下跌，从来不会形成安全边际。

为什么一个好的企业出现了重大的负面消息，重大经营困境不会将企业压垮，没有使得投资变得不安全，反而在公司出现了重大的负面消息，重大经营困境时投资是安全的呢？这是一个非常有意义、非常深刻、非常重要的问题，以下是我们对这一问题的思考：

首先，任何一个坏消息，只要它已经发生，那么它就已经反映在股价之中。这是一般的市场常识，也是有效市场理论所主张的观点。但是当负面的坏消息发生的时候，你千万不要认为股价恰到好处地精准地表现了这个坏消息，虽然有效市场理论认为股价精准地反映了消息，但事实从来不是这样的。人以至于整个人类都没有那么精确的理性度，在任何一个消息面前人都会把这个消息放大，这种放大行为金融学称为过度反映。一个坏消息总是被有效地反映之后，还要被放大，最终过度地反映这个消息，所放大的部分其实是不应该、不必要、不合理的，正是它不应该、不必要、不合理，实际上已经就孕育了机会。在这种情况下，经过负面消息过度反映的股价，已经变得安全了，已经把负面消息中的风险都消化了，还额外地提供了更低的价格，因此这个时候你买入股票应该不会赔钱，而且还能赚钱。所以真正的投资机会和获利机会主要来自于危机、困境和利空之中，而风险主要来自于激动人心的成长和令人兴奋的利好，这一观点与中国古代老子在《道德经》中所阐述的“祸兮福所倚，福兮祸所伏”所揭示的道理完全一样。事实上，危机中包含机会，振奋中包含危机，是与事务交替往复向对立面发展的规律相一致的。

接着再来谈一个问题，为什么出现了重大的危机和困境，好的企业不会被打倒呢？重大的负面事件一下子把企业打倒，这种可能性是有的，但概率始终并不大。原因在于，任何好的企业，它之所以表现为一个好的企业，是因为在它内部的产、供、销、人、财、物等各方面都形成了良好、稳定的结构，正是因为这些内部良好的结构才使这些企业成为好的企业。当利空袭来的时候，只有一种情况能让企业被彻底打垮，这个危机涉及了企业产、供、销、人、财、物各个环节并足以将企业内部产、供、销、人、财、物良好、稳定的结构彻底全面击毁，在这种情况下，企业就完了。事实上大家想一想，真的有过这样的危机吗？危机一发生，产、供、销、人、财、物都受到毁灭性打击？任何一个危机不管它看上去多么可怕，最多是影响企业产、供、销、人、财、物一方面或两方面的问题，很少有全面的问题，那些没有遭受到打击的企业其他环节，仍旧可以支撑住企业，为企业恢复争取到时间资源。比如，在石油价格上涨的过程中，很多运输企业成本上升，经营受到打击。但是，这些企业的市场和需要还在，经营管理都没有任何变化，油价所导致的成本上升只能使企业的近期收益产生亏损，甚至于产生重大亏损，但是企业除成本以外的其他经营要素都没发生变化，所以企业不会被击垮。随着时间的推移，企业会自己把这个问题解决掉，重新走上成长道路。因此，由于突发的成本上升则导致的股价下跌就是安全的投资机会。一个方面的危机，不管它多么严重，从道理上讲不可能一下把企业打垮，它对企业的真正影响只是影响企业的状态和发展过程。比如销售环节出了问题，这时引起的问题是企业产品积压，资金占用，被迫降价，导致亏损，这种亏损只是一种过程和状态，企业通过一段时间的消化，经过必要的调整之后，大部分情况都可以度过。

关于这个思想这里有一个生活中的例子，大家可以琢磨一下。企业就好比一张大的八仙桌，由四条桌腿支撑着一个面，突发的一个利空事件好比是从房顶上掉下块大石头砸在桌面上，把桌子砸了个洞，这个被砸了洞的桌子其实还是桌子，还可以用。对于桌子来说真正的问题是，从房顶上掉下来的石头把四条桌腿全部砸断，在这种情况下这个桌子就报废了，就不能用了。事实上从房顶上掉下来的石头一般是砸不断桌腿的，也就是说它砸不到桌子的要害部位，它更不能把所有的要害部位都砸碎。同样的道理，围困企业的重大危机往往是发生在企业的经营表层，不是作用在企业最核心的关键要素上。引发市场恐惧的事情一定是作用到企业的表层的，引起恐慌的都是表层事件，真正的实质事件市场反而不容易感知到。

通过以上分析，我们看到安全边际常常在优质企业遇到利空袭击的情况下发生，也就是说安全边际出现的两个条件：首先是有坏消息；其次是这个坏消息一定要出现在优质企业上。坏的消息是安全边际出现的诱因，优质企业是出现安全边际的基础，一旦这两个条件同时出现，就有极大的可能出现安全边际。

那么，为什么安全边际会与大的利空同时出现呢?

人性是造成安全边际的首要原因

现在我们来看一下为什么安全边际会与坏消息同时出现。

在生活中大家都有这样的经验，当你正在做着什么，突然你的手接触到一个温度非常高的东西，你不知道被什么东西烫了一下，此时，你的手会飞快地反射性地离开烫你的东西，在手离开后，你才会观察思考，是什么东西烫了你，有没有更大的危险。如果在股市一只股票产生意外的负面消息，股价也同时突然开始下跌，你的反应将会怎样？一般情况下，你的第一反应并不是先进行观察和思考，根据观察和思考的结果来决定是否离开，而是不顾一切地先抛出股票，就像你的手被烫时一样。这看起来应该是不正确的、不理性的，但非常遗憾，几乎所有的人都是这样的，因为这是人性的特征，人在遇到突然意外后，立即离开是人的本性。

这个本性是人类在几百万年的进化过程中由大自然造就的，几百万年前的人类正在树下捕猎，突然一个异常动静出现了，此时这些古人有的听到异常声音后立即飞身上树，然后立在树上观察到底发生了什么？而另一些人采取的是站在树下向异常声音去看到底发生了什么，结果是一只老虎向他们扑来，最后的结果是立即上树的古人活了下来，而在树下观察的古人死于虎口。这样的事情发生过千万次，经过几百万年的时间，自然选择的结果是能在异常情况发生时，靠反射不寻求先搞清到底发生了什么，而先到安全地方的古人活了下来，并有机会留下了后代。站在树下向异常声音去看到底发生了什么的古人，大部分被危险夺去了生命，也没有机会留下后代。这样，自然选择的结果，使人类具有了遇到异常情况先快速逃离的本性。这种本性在远古恶劣的生存竞争环境中保护人类，并一代一代的传递下去，也成了现代人类的本性。

当我们讲到这的时候，也许大家就明白了，为什么自己在市场上遇到了突然的变化，就马上不顾一切地把手中的股票抛出。事后冷静地分析却发现问题没有那么严重，从而常常自责，自己为什么不在当时想想，分析一下看看再说，实际上这是普遍人性的反映，并不是你个人的问题。

于是，大的突发意外利空造成大的安全边际的第一个原因找到了，它就是——人类具有了遇到异常情况先快速逃离的本性。

由于是突发的意外和利空，市场中没有任何先兆，这种意外利空，引发市场中的参与者纷纷反射式抛空，躲避风险。大家想一想，市场参与者普遍的不做深入的分析，纷纷短时间内集中抛出，其结果会是什么样呢？首先必然是股价快速大跌，这为理性投资人低买创造了条件。其次是未经思考的抛空避险，大部分情况下是不正确的，人性本能驱使下的未经过理性思考和分析的行为常常是错的，其导致的下跌也是错误的，于是为下一步价格回升创造了条件。

比如我们先前讲过的伊利股份的例子，在当时市场上大量的上市公司委托理财时造成股价下跌的背景下，伊利传出几亿元的不正常的委托理财的事。市场上很多参与者是宁信其有不信其无，三十六计走为上策。由于抛出不是在一个理性分析的基础上做出的决策，于是安全边际出现了。

事实上股市本身是一个复杂的东西，即使当时有人试图先进行理性分析再做决策，客观上也没有可以进行理性分析的真实信息，大量的信息是互相矛盾、互相对立的信息，难以辨识。在这种情况下，作为当局者（中国有句俗话叫当局者迷）要在短期内做出全面的正确的分析，谈何容易。短期内分析得出正确结论的可能性很小，很难说这样的分析比靠人性马上出逃更有价值。

除了人性是造成安全边际的原因外，还有没有其他原因？答案是有。趋势交易者和盲从者的大量存在，是安全边际能够出现的重要原因之一。

趋势交易者、盲从者是安全边际出现的推动者

市场里面有数以万计的投资人，股市是由众多的人组成的集体游戏，股市中很多变化和现象实际是反映了人的性格爱好和想法。在数以万计的投资人中，有几种主要类型的人，他们在行为方式、基本理念上具有相似性。

第一类是价值投资者。这类人认为价格变化是由价值决定的，他们的买卖行为在任何情况下都是由价值和价格的关系决定的，当他们认为价格高于价值时就卖出，价格低于价值时就买入，而不管其他因素。目前在中国市场上，这类投资人正在快速增长。

第二类是趋势交易者。这类投资人认为不管什么原因引起的价格变动，总是延着一个方向持续运行，一轮上涨或者一轮下跌，都是连续的涨或者连续的跌，形成一个涨或者跌的趋势。他们认为，一旦确认了一个上涨的趋势就可以买入，一旦确认一个下跌的趋势就应该卖出。比如：股价从底部一开始涨的时候，趋势交易者并不立即买入，而要等出现一个初步的上涨趋势之后，趋势交易者才会买入。反过来，在股价开始下跌的时候，趋势交易者也不是立即卖出，而是要等待出现了连续的下跌之后，他们确认下跌趋势形成，此时才会卖出。趋势交易者目前在A股市场上人数最多，趋势交易者的这种行为特征也使得他们具有了助涨和助跌的作用，当股价涨起来后，趋势交易者的大量介入，会使得股价涨得更高，从而形成助涨。反过来，当股价下跌得时候，趋势交易的介入，会使得股价跌得更凶。当负面消息爆发之后，股价因为大部分人在心理的驱动下抛售，造成股价下跌，当这批人抛售完成之后，股价本该止跌了，但连续的股价快速下跌，造

成了技术形态变得异常难看，均线由多头排列已经或正在变成空头排列，重要的支撑位被击穿。这一切不可避免的被趋势交易者看到，于是他们认为下跌趋势已经形成，就会离场，这样股价又在趋势交易者的接力抛售行为推动下，再次滚阶而下。趋势交易者的离场成了股价又一波下跌的动力，他们从先行离场的人们手中接过了推动下跌的接力棒，成了第二波下跌的主导者。当第二波下跌出现并结束后，大家可能会说这时下跌差不多应该结束了吧？答案是还有最后的一波下跌，在这一波下跌起推动作用的是一群“虾米”和一群“羊”主导。

第三类是随机交易者，也叫盲从者。不管一个市场多么成熟，多么理性，市场总会存在着这样的投资者，他们没有深刻的理念，也没有成熟固定的盈利模式，更谈不上投资战略和投资风格。他们的交易和买卖常常是随机和随意的，看见涨就买，看见跌就卖，他们做投资很大程度上决策是靠眼睛而不是靠脑子（需要说明的是，这类看见涨就买、看见跌就卖的投资者和趋势交易者有质的不同，趋势交易者虽然也是看见涨就买、看见跌就卖，但趋势交易者有自己的理论。他们有趋势是否形成的定性和定量分析方法，股价上涨满足一定条件，趋势交易者认为趋势形成才会跟进，而随机交易者则是完全凭感觉）。显然，如果一个利空事件导致的股价快速下跌出现在随机交易者面前时，十有八九，随机交易者会卖出股票，他们的抛售促成了股价最后一跌。随机交易者就是把股票卖到地板上的那类人，他们增加了下跌深度，同时也扩大了安全边际。随机交易者就是股市的“虾米”，也是被人宰割的“羊”。有很多人认为个人投资者或者小资金的投资者是股市的“虾米”、是被人宰割的“羊”，大资金大机构是股市的“鲨鱼”是“狼”。我们不这么认为，也不同意这个说法。个人投资者、小资金投资者完全可以超越大资金、大机构。钱多少与是否能成功没有必然的关系，正确的战略、正确的理念、正确的模式是成功的关键。真正的股市“虾米”是那些没理念、没思想、没模式、没技术的随机交易者。有正确理念、正确模式的个人投资者完全可以比机构投资者做得好，也可以是股市的“鲨鱼”！

在以上 3 种力量的接力推动下，突发利空发生后，股价快速地下跌，于是安全边际不可避免地出现了。

利用安全边际获利的实例

下面我们介绍一只具体股票如何在以上 3 种力量共同接力推动下创造安全边际，以及我们如何利用这个安全边际获利的。

2005 年 9 月的 A 股市场的基本形势是这样的：6 月，A 股市场以快速凌厉的态势跌破 1000 点，创出几年来的新低，可以用哀鸿遍野来形容市场。几十元的股票变成了几元，有人推测 A 股将跌破 800 点，而被投资人广泛传播的是 A 股将下破 600 点的观点，市场气氛令人窒息。形势的发展往往和人们的预料不一致，到 9 月时，指数反弹到 1200 点。不过，当人们的心理产生了某种希望时，指数再次开始下跌。

在这次下跌时出现了新现象，前面我们说过在 A 股市场下破 1000 点时，大部分股票都跌得很凶，但有一类股票相对都没有跌，就是驻扎着大量基金的股票，总体上跌幅不大。这些股票一方面有一定的价值度，自然具有抗跌性；另一方面，由于大量基金驻扎、有资金维护，所以在长期的熊市中，它们跌幅都不大。但是当指数在从 998 点反弹到 1200 点再次开始下跌时，长期不跌的基金重仓价值股突然地大幅下跌。深赤湾、深中集这些长期牛股开始大幅破位。市场上也立即出现了基金重仓股有防御性泡沫和价格泡沫的说法。这个说法认为，基金长期退守在价值股里，防御熊市下跌，由于大量基金进入，推高了股价产生了因防御出现的价格泡沫。现在这个泡沫破了，基金重仓股将会大幅下跌。在这样的背景下，几乎所有的基金重仓股都开始下跌。

老牌基金重仓股燕京啤酒一向以经营稳定、价格稳定著称，在这波所谓的防御性泡沫破裂的下跌潮中，不可避免地也受到影响。市场上大量的基金重仓股下跌和头头是道的防御性泡沫破裂理论让持有燕京的投资人难以平静，难以把心态放平和，投资人对过去持有燕京的理由开始产生了怀疑，持股的信心动摇了。防御性泡沫破裂的理论在飞速传播，大量的基金重仓股在不断下跌，令人麻木。在这样的局面面前，投资人不可避免地失去了理性的思考，于是在这种情况下，固有的快速逃离危险和不确定的抛售行为发生了，人们纷纷不顾一切地抛售燕京。燕京从2005年9月20日开始连跌4天，天天收阴，到9月23日股价从7.20元一口气跌到6.50元，跌幅高达10%，到6.50元附近股价开始出现了某种止跌迹象，见图3-3。

这一轮快速的大幅下跌就是由投资人本能的避险和逃离行为造成的。其表现出不顾一切的夺路而逃的特征，抛售过程是你追我赶，你抛我也抛，你抛得快，我抛得更快，K线图上快速下跌是人性驱动下不顾一切逃离险地的必然反映。突发利空初期引起的下跌都是这样的。

随着逃跑的逐步跑得差不多了，燕京的股价开始在6.50元附近小幅波动，出现了启稳筑底的迹象。6.50元是燕京啤酒在过去一年多里无论怎么波动均没有实质性跌破的价格，人们有理由相信，这一次燕京的股价也不会破6.50元。不幸的是，在横盘十几天后，燕京的股价

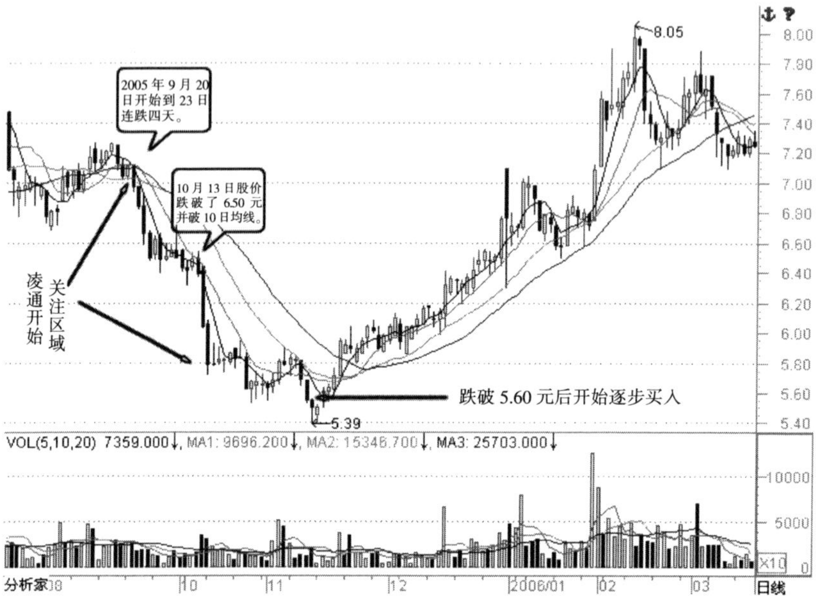

图3-3　燕京啤酒2005年8月到2006年3月走势图

击穿了6.50元，于10月13日跌到6.39元，跌破了历史上的6.50元的强支撑位，出现了价格破位，形成了筑底失败的迹象。虽然这只是一种可能，但在趋势交易者的眼里，破历史强支撑位，已经非常明确地表明：筑底失败了，新下跌趋势确立。于是次日开盘仿佛是听到了百米赛跑的发令枪，趋势交易者以整齐划一的动作快速离场，两天跌10%，股价收于5.79元。我们可以看到趋势交易者助涨助跌的特征是多么明显，他们总是慢半拍买入或者卖出，他们一旦看到某种情况出现就采取行动，股价就会大幅快速下跌。股价跌得快、跌得猛，与一开始因为人们害怕离场不同，害怕离场表现出的是慌乱的下跌和无序的下跌，而趋势交易者的下跌表现的是有序和整齐的特点，好像有人统一指挥，这个指挥正是那些趋势交易者用来判断趋势确定的共同条件。而且趋势交易者一旦认为趋势确立就毫不犹豫，坚决走人，这是他们的操作原则，这是铁的纪律。

当趋势交易者快速离场之后，此后燕京啤酒的走势出现了随机弱势走势，这时股价整体已经不再大幅下跌，基本在5.60元之下做随机波动。做了相对较长时间的停留后，于11月12日价格开始一路阳线，历时一个半月股价回到了7.00元，就是回到了下跌开始的价位。伴随着所谓的防御性泡沫破裂说法的逐步消失，股价完成了逐步全面回归。在5.60元之下的卖出者，大部分是随机交易者，随机交易者没有原则，他们不思考一个稳定的知名消费股票在短期内下跌20%，还有没有风险，只是看到下跌就随意地卖出。随机交易者往往并不能使股价进一步大幅下跌，只是在较低的价位让股价走的比较弱，技术形态比较难看。在股价正式反弹回归前常常给随机交易者留出较多的时间，让尽可能多的随机交易者都离场，这样一方面减少在价格回归过程中的阻力和干扰因素，更重要的是，很多理性的价值投资者的价值发现和逢低买入需要随机交易者的配合，如果没有给随机不可者留出足够的时间尽可能多的卖出股票，理性的价值投资者也不能在价格大大低于价值的情况下买到廉价的股票。从这个意义上讲，随机交易者最重要的作用是给价值发现者提供廉价股票，而不是创造更大的安全边际。

以上对燕京啤酒因所谓“防御性泡沫破裂”一路下跌的分析，是我们在2005年9月到11月间燕京啤酒股价下跌过程时做出的同步判断，在燕京跌破7.00元时，就引起了我们的注意，当股价再次跌破6.00元时，我们已经意识到机会快来了。这时恐慌性下跌和趋势交易者的离场已经出现了，安全边际已经出现了，当股价破了5.60元之后，我们开始用了两个星期完成买入。我们一买完，股价就连出近30根阳线，一路小跑回到了7.00元。最后总的核算，在一个半月的时间里，我们利用燕京啤酒的安全边际获得了平均30%的收益和回报。从某种意义上讲，这一次在燕京上的操作，可以构成经典的安全边际操作的案例。

在上面的介绍过程中我们也谈到下跌形成安全边际的一些规律性现象，下面我们专门就利用安全边际挣钱的一些规律进行总结。

利用安全边际操作的原则和规律

在安全边际发生和消失过程中，以及利用安全边际操作时，我们总结出一些原则和规律。这些特征和原则是在对大量的实战案例归纳总结的基础上抽象出来的，并且在多次的实用中也是有效的。不过，准确地讲，这些原则是一些共性特征，还不能说是必然的规律，而且实战使用过程中要根据具体环境，灵活使用。

以下是我们在安全边际产生和操作过程中总结出的一些特征和原则：

（1）一个由负面消息引起的下跌，一般会出现两波下跌，中间经历一个失败的反弹或者若干个交易日的横盘，失败的反弹或者横盘往往在下跌10%～15%时产生。

（2）利空引起的下跌，不支持短期内快速大幅反弹，从开始受负面消息影响开始下跌，至少两个交易周内不会发生实质性反弹，若有反弹往往也是失败的反弹。这可能的原因大概是消息消化需要一个过程，负面消息的出现是“病来如山倒”，消息的消失是“病去如抽丝”。

（3）在第二波下跌往往成交量较小，且在第二波下跌过程中，成交量越往后越小。

（4）在形成向价值回归的反弹开始之前，股价都会停留近十几个交易日，K线图上出现缩量小阳、小阴横盘走势。

（5）向价值回归的反弹展开过程都是一个慢慢的过程，与下跌过程总是大阴线连着大阴线，即快且猛的情况相反。反弹时主要是缓慢的逐级反弹上去的，要经历时间较长，往往不少于一个月的时间。

（6）整个反弹的高度至少都回到起跌点，也就是向下跌多少，向上就能反多少。反弹的高度与下跌的幅度、下跌经历的时间、下跌时的成交量均无关系。这一点非常重要，因为它实证了价值投资一个最重要的观点：价格从长期来看，迟早会回到价值决定的位置，从长期来看，价格只与价值有关，其他因素只能影响短期价格。

（7）反弹开始的时间早晚，与整个下跌过程的成交量有关，下跌过程成交量越大，反弹时间越晚，下跌过程成交量越小，反弹越早。

（8）反弹前有明显的技术转折信号，即出现了若干个交易日的小阳、小阴横盘后，股价被快速连阴线打破横盘平台，然后又快速被拉回。

（9）从开始下跌到最终完成回归，一般情况下所需的时间在一到三个月之间。

图3－4为整个安全边际发生和消失过程的示意图。

下面是2007年7月到9月间发在盐湖钾肥身上一个标准安全边际的真实案例。特别要说明的是，盐湖钾肥的这个安全边际是我们在总结出以上特征后，用总结出来的原则指导自己操作，两个月内取得了40%利润。一方面，所总结出的原则指导了操作；另一方面，事后我们观察盐湖钾肥的走势过程，几乎完全体现了总结出的原则，盐湖钾肥的这个安全边际强有力地证明了所总结原则的合理性和规律性，如图3－5。

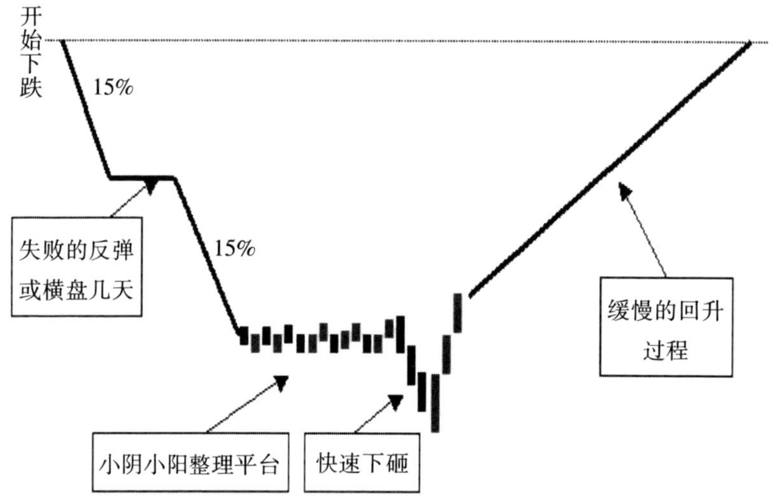

图 3-4　整个安全边际产生到消失的过程示意图

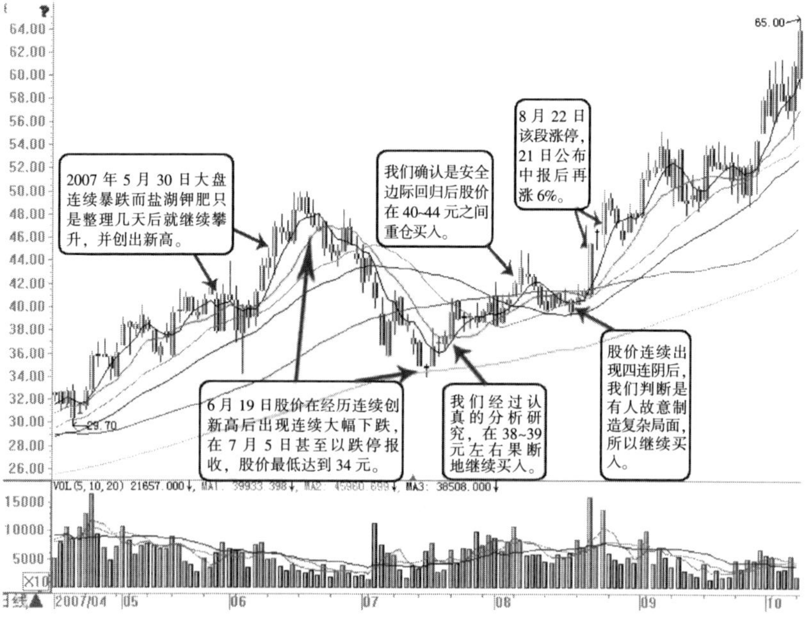

图 3-5　盐湖钾肥 2007 年 4 月份到 10 月份的走势图

2007 年 5 月 30 日，一个可以载入史册的日子，没有任何一个投资者能够忘记这一天。使投资人产生强烈记忆的是，资产快速消失，几乎所有的投资人在当天都以资产大幅损失记住了这一天。然而我们所持有的盐湖钾肥在 2007 年 5 月 30 日大暴跌中不仅没有下跌，而且在 5 月 30 日过后立即从 40 元一路上升，6 月 15 日创出历史新高，站到了 50 元之上。5 月 30 日股价不跌，就够令人高兴的了，而此后又马上创出新高，实在是太令人兴奋了。当时我们的心情就一个字："美"！然而不可能好事都让一个人摊上，也许是物极必反的原理，也许是市场为了惩罚我们这种看见股价上涨就沾沾自喜的不成熟心态，盐湖钾肥的价格创出新高后，很快回落了，几个连阴线之后，股价回到了 45 元。作为老投资人，我们相信这是个技术性回调，毕竟即使在上升过程中，涨跌也是交替出现的。

然而事情的发展和演化并不像我们所想象的那样简单，2007 年 7 月 4 日和 5 日，盐湖钾肥的价格连续两天大跌，2007 年 7 月 5 日以跌停价收盘，股价收于 36 元。不到两周的时间里，盐湖钾肥从 50 元跌到了 36 元，这肯定不是所谓的技术性回调，盐湖钾肥出事了，而且出大事了！

导致盐湖钾肥快速暴跌的事情很快呈现在投资者面前，盐湖钾肥的母公司盐湖集团通过重组一家即将退市的青海本地公司"数码网络"，实现整体上市。在盐湖钾肥母公司整体上市的过程中，盐湖集团于 2007 年 7 月 5 日发布了一份重要文件，这份文件宣布子公司盐湖钾肥无偿使用的青海别勒滩钾矿的所有权归母公司所有，并暗示由于别勒滩钾矿正在被盐湖钾肥无偿使用，今后母公司将向盐湖钾肥收取资源使用费。同时请资产评估公司评估出这块资产的价值为 46 亿元。一般的投资者可能并不知道这个文件对盐湖钾肥的深刻影响，而我们作为盐湖钾肥的老股东，却能感受到这份文件的杀气。因为盐湖钾肥是一个靠资源挣钱的企业，这个公司经营管理极其简单，只要从矿上把钾肥挖出来，就可以大获其利，它的价值几乎完全是由钾矿资源所决定的。现在盐湖集团突然宣布原来被盐湖钾肥无偿使用的钾矿资源将变为有偿使用，一下子就使得盐湖钾肥失去了资源所有权，而失去了资源所有权的盐湖钾肥其核心价值也基本上不大了。

这份文件还有一个更坏的影响，就是市场认为大股东这样的做法太过突然，为了自己上市，改变了对子公司盐湖钾肥的全力支持，而且以损害子公司的利益实现母公司利益最大化。市场因此有理由相信未来母公司上市之后，会出现更多的损坏子公司的事情。毫无疑问，盐湖钾肥的价格下跌并不是简单的技术性下跌，而是一种对盐湖钾肥核心价值可能丧失的担心所引发的，是理性的恐慌性下跌。所谓的理性恐慌，就是指从表面上是恐慌性下跌，可是导致恐慌的原因上又是客观的，是真实的。

当股价跌到36元的时候，事情仍旧没有结束，最低的价格出现在2007年7月17日的34元，也就是说在半个多月的时间里，盐湖钾肥的价格下跌了30%。我们作为盐湖钾肥的长期持有人，对于已经发生的30%的下跌，已经没有办法来改变什么了。现在我们心中苦苦思考的是盐湖钾肥的核心价值是不是受到了实质性的严重影响。如果盐湖钾肥的核心价值受到了实质性的影响，问题就比较严重；如果盐湖钾肥的核心价值没有受到了实质性的影响，则下跌是买入机会，下跌是安全边际。

从本质上讲，盐湖集团的行为对上市公司的直接影响是盐湖集团会向盐湖钾肥收多少费，其他的实际并没有什么影响。股价未来的走势决定于集团向公司收取资源使用费的多少和方式，只有收费方式和收费多少相对确定下来，股价的方向才能确定。问题的关键是集团并没有公布收费的高低，这使得市场不得不做最坏的准备和打算，于是股价持续的下跌。种种迹象表明，集团对公司的收费是肯定的了，公司成本提高也是肯定的了。问题是集团会向公司收多少钱，导致公司多大的成本提高，集团会不会向公司狮子大开口，一下把公司的利润吃掉，使盐湖钾肥成为一个给别人做嫁衣的打工者。这是一个非常重要和深刻的问题，这个问题的答案无人知晓！

为把握盐湖钾肥的未来，我们开始探寻矿产资源使用费定价方式。我们发现，资源使用费的定价方式行业惯例一般都是订个几十年的合同，约定每一年的价格，然后一年一年的支付，中间不发生任何变化。这是行业做法。如果盐湖集团按这种做法向盐湖钾肥收取资源使用费，不论它价格定出多少，这个定价对盐湖钾肥的影响是一次性的，不会影响它的长期趋势，只能增加它的生产成本而已，这样盐湖钾肥的股价走势会从新进入上升。7 月 20 日，我们费尽周折给盐湖集团发去一份咨询传真，传真内容如下：

一、集团发布的钾矿评估报告认为别勒滩钾矿的价值为 46 亿元，由于公司宣告不直接从事钾肥的生产，且这块资源正在被盐湖钾肥的子公司盐湖发展公司所使用，因此我想问明白这个资源什么时候、按照什么价格转让给盐湖钾肥公司？定价的原则和依据是什么？

二、在这个转让过程中，是一次性签订一个长期合同将转让价格确定下来，分次付款呢？还是每年签订一个合同，到时根据市场再决定价格？钾矿开采权转让会给盐湖集团每年带来多大的利润？

盐湖集团安排一位副总经理通过电话就这个问题给出了明确答复。首先矿产资源使用费的收费方式是一次性定价，分年支付，每年盐湖集团向上市公司收取3500万的使用费。3500万！！这对于盐湖钾肥几十亿的主营收入和近十亿的利润来说，基本上没有任何影响！如果盐湖集团按照这种方法对盐湖钾肥进行收费，盐湖钾肥股价的下跌是市场把问题想得太严重了，是市场太过于敏感了，并且市场在恐慌气氛的影响下，出现了过度反映的情况。因此我们认定，盐湖钾肥的核心资源和核心价值没有发生变化，盐湖钾肥的价格中包含着机会，因此我们认为盐湖钾肥会出现上涨走势，如图3－6（a），不会出现继续下跌的走势，如图3－6（b）。

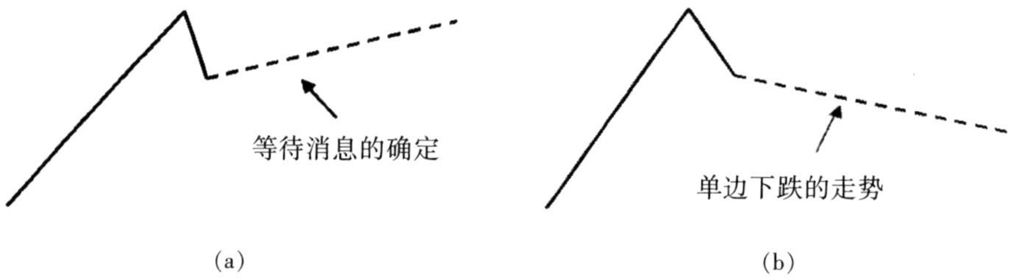

图3－6　分析盐湖钾肥的走势图

当我们做出这一判断后，此时，盐湖钾肥的价格已经回到了比最低点相对高一点的38元。与此同时，由于钾肥在世界、在中国长期供不应求的格局没有任何改变，国际钾肥市场上的形势是全球钾肥价格正在不断地上涨，而在盐湖集团上市的过程中，盐湖钾肥的生产和销售在正常高效率运行着，基本面的情况没有任何不正常。

在这种情况下，我们认为盐湖钾肥正处在全面的安全边际中，现在绝对不能卖出股票而是买入。我们决定下场买入、增持盐湖钾肥，因为股价在安全边际的底部徘徊的过程中是最佳的买入机会。但是也不能完全把资金都投进去，因为当时恐怖气氛没有完全散去，即便在底部横盘，股价随时都有可能发生重大变化（当然这种重大变化只是瞬间的，而且也是非实质的）。

所以股价在38～39元附近我们买了一批。

8月初，盐湖钾肥结束了横盘，开始了多阳线的逐级推高，股价坚决地突破了40元钱。根据多年的安全边际经验，我们确信并且坚定地确信，盐湖钾肥已经开始了必然的不可逆转的回归之路，我们认为大势已定。

于是，我们决定“重炮轰击”盐湖钾肥，大量地不顾一切地买入！“重炮轰击”的策略被有效地全面地执行。股价在40～44元之间，我们投入了所有计划投入的资金。当最后一发炮弹打完以后，人算不如天算，也许在我们发现敌人藏在哪里，重炮轰击敌人的时候，敌人发现了我们，也许是其他原因，盐湖钾肥的价格不仅没有涨，并且干净利索地连收四根阴线，股价再次回到40元。面对这个四连阴，我们不由地倒吸一口凉气，难道形势又发生了重大变化，基本面上还有新的不确定性吗？另一方面，作为经常做安全边际的投资者，经验告诉我们这个四连阴不排除是潜伏在盐湖钾肥中，做价值发现的理性大资金做的最后 次强行洗盘。

就这样，在对新的基本面坏消息的担心和对价值发现资金强行洗盘后继续上涨的期待中，盐湖钾肥的日K线图继续增加，再次走出了一次横盘。对这种横盘的详细观察，最后我们笑了，这是一个百分之百的强行洗盘的骗筹码走势。因为里面驻扎的价值发现资金采取了反大盘策略。大盘涨，盐湖钾肥跌，大盘跌，盐湖钾肥还跌，但是跌来跌去就是不破40元钱。这个时候，我们再次额外追加盐湖钾肥的持仓量，我们在和很多大客户的代理合同中都有一个约定，就是单只股票占总仓位的比例不超过40%，通过对单只股票仓位的控制来降低个股风险。在这个时候，我们已经把很多客户对盐湖钾肥的持仓量达到了最高的仓位比例，个别客户突破了这个比例。之所以在盐湖钾肥上建这么重的仓，原因有两个：一是当你确信某个机会是安全边际的话，那么，股价的回归是必然的、是绝对的。这时候挣钱就像弯腰捡一个小石头一样容易，在这种绝对安全的挣钱机会面前，是不能够不投大注的。这时下大注是理性的表现。二是从2006年以来，我们挣的很多钱都是一种莫名其妙地挣钱，最后挣了钱都不知道这是为什么。现在盐湖钾肥的机会，让我们知道它为什么发生，知道它向什么价格运行，也知道它没有什么风险，所以我们就要下大注，它的一切变化，都在我们的掌控之中，除了股价运行的具体过程。

当股价不断地横盘的时候，我们也开始想，盐湖钾肥到底要在什么时候才走上价值回归的道路呢？难道盘踞在盐湖钾肥中的资金舍得放弃中报这个天赐的机会吗？就在我们狐疑的时候，2007年8月22日，盐湖钾肥涨停了，2007年8月24日中报公布，2007年上半年盐湖钾肥盈利增长34%，毛利率提高到72%。中报反映盐湖钾肥的经营正在按照全球钾肥供不应求的特征所决定的趋势正常稳定地成长着。当天盐湖钾肥再次涨了6%，2007年8月20日到24日涨了23%，一个完美的安全边际被我们牢牢地握在手中。

在盐湖钾肥安全边际被我们充分利用后，我们又从更深刻的本质上对安全边际走势特征进行了深入地思考：虽然每一次导致一个具体安全边际的诱因都是不一样的，但安全边际的走势特征都是基本一样的。为什么过去已经发生的安全边际，以及今后将要发生的安全边际的走势都有明显的、确定的模式和特征？安全边际的产生和消失有明显的技术特征？为了寻找答案，我们把安全边际的产生和消失过程中的技术特征更进一步地概括为以下几项：

（1）恐惧暴发所引发的快速急跌、暴跌特征。

（2）彷徨和观望所引发的底部徘徊特征。

（3）安全边际消失过程中的类庄走势。

我们首先来看，在历史上所出现的几乎所有的安全边际，它们在下跌过程中从来没有发生过阴跌走势，从来都是急风暴雨似的快速下跌，常常是两天之内就产生出15%～20%的下跌。就像这次的盐湖钾肥，7月4日和7月5日两天就下跌了16%，加上此前和此后的下跌，在一周之内就下跌了20%。所以，安全边际在下跌时从来都是急风暴雨、山崩地裂的。是什么原因导致了安全边际这样一个规律性特征呢？

1996年，包头市发生了6.4级地震，这个地震是在唐山地震之后在百万人口城市中发生的最大震级的一次地震。地震导致了30多人死亡，这些遇难者大部分都不是被砸死的，而是在地震发生时跳楼逃生时摔死的。在地震发生后，包头市很多医院里出现了大量的拄拐杖的腿部骨折者，这些骨折者都是年轻人，他们都是在地震发生时跳楼逃生被摔断腿的。大家想一想，在股市的投资人突然听到一个重大负面消息就会奋不顾身、拼命地逃生，其结果只能是而且必定是出现股价连续的、快速的急速下跌。这种行为是人性的反映，和地震发生时人们纷纷不顾一切地从楼上跳下来逃生一样，是人类固有的本能。美国人、中国人、欧洲人、非洲人，他们都是人，所以他们都是必定如此的。因此，世界上任何地方发生安全边际其下跌的模式都是一样的，都是急速暴跌，快速释放恐惧气氛，快速释放风险。

这一规律的现实操作意义是，安全边际在下跌过程中不会发生阴跌，如果某一只股票因为某种原因出现慢慢无休止的下跌，这种情况就不是安全边际，只有那种短时期，一般是几天内快速、大力度的急跌的形态才有可能是安全边际。由于导致快速急跌的恐慌情绪在快速释放的过程中导致了大幅下跌，虽然这个大幅下跌很快把恐慌情绪释放掉了，但它会引起一些余波，连续的大阴线会导致技术分析者和趋势交易者的恐惧。所以，安全边际在整个下跌过程中主跌段常常是两到三天就完成了，加上余波一般会用时一到两周。

在本质上，安全边际其实是恐慌性气氛产生、暴发、消退，或者是理性从消失到回归的过程，无论是恐慌性气氛产生、暴发、消退，还是理性从消失到回归，其本质实际上是市场整体的心理变化过程，如图3－7所示。

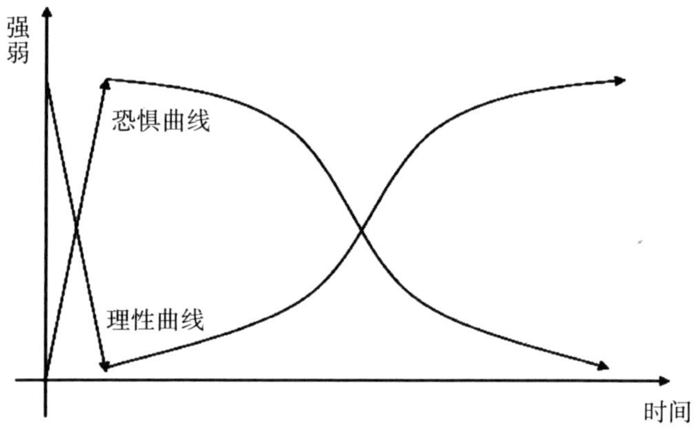

图3－7　研究安全边际给出的市场整体心理变化过程图

安全边际的基础是价值判断。安全边际的操作是心理大比拼，是心理大博弈，是比谁的心理更理性，谁更能战胜自己，谁更能战胜大众心理。安全边际操作过程实际就是跟自己的心理作斗争，和大众心理作斗争，成功是因为自己战胜了自己，战胜了大众心理；不成功是因为自己败给了自己，败给大众心理。安全边际的技术形态特征就是大众心理的反映，因为大众心理是有规律的，所以安全边际的技术形态特征就有规律性。安全边际受彷徨和观望心理所引发的底部徘徊特征，实际是理性心理回归前的孕育和恐慌心理消散前的顽抗！

我们利用安全边际操作盐湖钾肥一样遇到了这种情况，当我们以为大势已定，重仓大量买入盐湖钾肥后，8 月 8 日盐湖钾肥股价从 44 元出现四连阴下跌到 40 元，4 天时间跌幅达到 10%。在盐湖钾肥出现四连阴前，我们基本上建完了仓，这突然袭击式的下跌，使我们来了一个措手不及。这时我们的额头渗出了些许汗珠，我们又被一股新的恐惧笼罩，很多客户也抱怨说“刚刚买入，股价就跌下来了！”当然，凭借多次安全边际操作的经验我们最终战胜了这股恐惧。现在我们要说的这最后的恐惧是偶然发生的还是有人有意制造的？答案是：是“有心之人”有意制造的。

出现四连阴的确让人看到会产生恐惧，这正是“有心之人”的目的，就是让大家恐惧，只有大家恐惧，才会卖出手中的股票，“有心之人”才可以捡到便宜的股票。当出现第一根、第二根阴线时，人们还不会太紧张，但是当第三根阴线出来时，许多人就再也坐不住了，像热锅上的蚂蚁，东看看西瞧瞧，打听出来的、看到的都是坏消息，这时心理自然产生了强烈的恐惧感，就自然而然产生卖出的念头，“有心之人”则乘机买入！

读者不禁会问：这“有心之人”怎么越看越像庄家，“有心之人”是庄家吗？“有心之人”不是庄家，但他们采取了类庄的操作手法，他们采用庄家的手法控制着股价回升的过程、节奏和方式。但他们不是庄，他们就是进行价值发现的理性资金，正是他们伸出有形之手推动股价，令股价得以回升。这个理性的大资金，这样说来他们显然是在价值回归过程中，非常重要的正面角色，但他们为什么又采用了非常不正派的，甚至是卑劣的庄家操纵做法呢？其原因是：

安全边际之所以能够给投资人带来利润，其基础的核心原理是价值规律。当价格以足够大的幅度低于价值的时候，价格以上涨的方式向价值回归是一种天道，是一种必然，是一种绝对的、不可避免的趋势，这就是价值决定价格的核心内含，我们把这种导致价格上涨的基础决定力量称之为无形的手。不过，这个无形的手、这个基础的决定力量要想推升股价上涨，必须要借助有形的手，也就是必须要有替天行道的人，必须要有按规律办事的人，来完成和实现这个规律性变化。

在安全边际出现之后，会有理性的大资金敏锐地意识到这样的机会和条件，会主动地、积极地充当这个有形的手，充当这个替天行道者（在大部分情况，理性的大资金常常是驻扎在这只股票中的长期投资者，因为他们作为这只股票的长期投资人，他们最了解这只股票的基本面情况和价值，他们最容易对基本面变化和股价趋势做出最正确的判断）。这些理性的资金之所以积极主动的来充当有形的手，充当这个替天行道者，根本的原因是因为它可以通过承担这个角色来获利，是利益把它引过来的，它出现的根本原因是为了追逐利益。这种情况下，这个理性的大资金必须要首先买入足够多的股票，然后才能获得价值回归后的利益，如果它没有买到足够多的股票，价格涨上去了，它也获得不到利润。由于它是大资金，请特别注意这个“大”字，因为它资金规模大，所以它买入股票需要时间，需要有足够多的人把股票卖给它，那么它所采取的办法就是进一步地压制股价来制造恐慌，并乘机低买。所以当大资金参与到安全边际来的时候，它首先要做的是压制股价，并制造恐慌。

当大资金买到了足够的低价股票后，它就像一个农民起义的领袖一样，率领着众多中小投资者一起向价值所决定的价位前行。这个时候，这个大资金就会不遗余力地向市场宣讲，目前的股价已低于价值了，上涨是必然的，同时它推升股价，吸引其他的中小理性资金也不断地跟进。在股价推升的过程中，大资金也会有意地控制住推升的节奏，既不能太快也不能太慢，按照自己认为合适的节奏让股价逐渐向价值回归。由于大资金所持有的股票足够的多，所以当价格和价值一致时，大资金还会把股价拔高，以便于自己有充足的时间把手中的股票卖掉。

最后，我们特别要指出的一点，这个大资金从它参与到安全边际过程中来的所做所为的表面来看，做法和手法与庄家做庄几乎完全一样，但是从本质上二者完全不一样。参与安全边际的大资金，它是以价值规律这个天道为基础的，它是在价值规律所约定的范围内适当的按照自己的利益来控制一下股价回升的过程和节奏，它不违背价值规律，它利用价值规律，体现价值规律，反映价值规律。

而庄家是把 10 块钱的东西硬通过操纵和欺骗卖成 200 块钱，庄家不仅不依赖价值规律，而且是公然地违抗、挑战价值规律，庄家有个别时候能够成功，但是由于它违背价值规律，所以庄家的结果是必定失败，因为没有人可以违背规律行事。

安全边际操作的三个关键点

在安全边际操作中有三个基本环节比较重要，这三个基本关键点分别是：

1. 准确判断股票价值

首先，在安全边际操作过程中，要准确地判断出被操作股票的客观内在价值，只有这样，才有可能知道股价是否出现了安全边际。比如，正常情况下被操作股票值10元，股价跌到10元以下才能确知出现了安全边际。提前确知被操作股票值多少钱，是确定是否有安全边际的绝对前提，否则想判明是否有安全边际是完全不可能的。

这项工作一般情况下应该在平时提前完成，亦即在这个企业没有发生负面消息时，你就对它进行过研究，如果提前没有对这个企业基本内在价值进行过研究，等这个企业发生了负面消息时，临时判断企业的内在价值往往由于时间仓促，不易形成正确的结论，同时由于受到刚发生的负面消息的影响，所形成的价值判断客观性较差。因此，最好的办法是日常手头积累一大批内在价值稳定、不易发生变化的企业，对这些企业提前进行内在价值度的分析，等待着这些企业发生负面消息，形成守株待兔之势。一般情况下，供水、供热、供气、供电、高速公路、机场、港口等公用事业类股票具有稳定的长期内在价值，且轻易不容易改变，这类公司适合于提前把握内在价值，等待负面消息导致的安全边际出现。

2. 确定利空性质

在安全边际操作中，有了对被操作对象的内在价值的准确把握之后，还必须确认所发生的利空事件不足以影响企业的长期发展，也就是这个利空事件只是暂时的影响，并不影响企业的长期发展趋势和长期内在价值。打个不恰当的比喻，某人出门不小心摔了一跤，看上去摔得满脸都是血，非常可怕。这时你要能判断出，摔伤有没有伤及身体的实质部位，会不会留下后遗症。如果只是伤了表皮，休息几天就好了。这次受伤就没有损害这个人的长期内在价值，就属于安全边际。如果受伤留下了头疼和不能干重活的后遗症，这种情况下，这次受伤就损害了这个人的长期内在价值，这时候就不是安全边际了，是实质损害。

在判断利空事件时，一定要投入足够多的精力，对这个事件的最坏影响进行评估。只有确定在最坏的情况下不影响企业的长期经营之后，才能做安全边际认定。有的坏消息是实质性坏消息，企业会在这个坏消息的打击下从此走下坡路，从而股价也一路下滑。这里面有一个重要的原则，身体越好的人越不容易受实质伤害，同样越强势的企业越不容易被坏消息打垮。

3. 排除心理干扰

当你确认了企业的确发生了安全边际的时候，似乎眼前一片光明，我们可以大获其利了。其实并非如此，即便你确知眼前出现了没有实质风险的安全边际，但是在实际的买入操作过程中，还面临着这一挑战，你需要克服这一挑战。想象一下，在所有的人都在卖出，所有的说法和媒体都在看跌这只股票时，虽然你有非常理性的逻辑和理由支持你的买入行为是正确的，但是在那样的一个人人纷纷抛售，各种观点一致看跌的气氛下，你的心里不可避免地在打鼓。这时，你是非常孤独的，这种孤独和人人看跌的气氛，不断地迫使你产生一种是不是我错了的担心，这种担心使你在买入前后心里极端慌乱。即使已经操作过 100 次成功的安全边际，但是仍旧在第 101 次的操作中不能完全排除非理性干扰，这是由人性造成的。投资大师格雷厄姆用一个故事，揭示了人性中固有的从众行为：

一位石油勘探者准备进入天堂的时候，上帝的使者拦住了他，并告诉他一个非常糟糕的消息："虽然你生前的善行足以让你有资格升入天堂，但天堂里分配给石油业者居住的地方已经爆满了，我无法把你安插进去。"这位石油勘探者听完，想了一会儿后对上帝的使者提出了一个请求："能否让我进去跟那些住在天堂的人们讲一句话?"在得到同意后，这位石油勘探者就对着天堂里的人大喊："地狱里发现石油了!"话音刚落，天堂里所有的石油业者都蜂拥奔向地狱。上帝的使者看到这种情况非常吃惊，于是请这位石油勘探者进入天堂居住。但这位石油勘探者迟疑了一会儿说："不了，我想我还是跟那些人一起到地狱去碰碰运气吧，没准真有石油呢。"

在整个安全边际操作过程中，对抗从众心理的确是有一点难度，当自己做出了与大众相反的操作后，在心底深处会莫名地产生一种焦虑和不安全感。这时如果不能抑制住人类固有的本性的干扰，整个安全边际的操作将会功亏一篑。在这种情况下，投资者应该意识到在安全边际操作过程中，当你做出与大众相反的操作时，指望自己的内心深处不产生压力，像诸葛亮在空城计中城楼弹琴那样的镇定实际是不可能的。来自于心里的压力其本质是人类在进化过程中所形成的自我保护机制，大家如果常看《动物世界》就会发现，当羊受到狼攻击的时候，羊都紧紧地靠在一起，通过组成一个大的羊群来对抗狼。在这个时候，对于羊真正的危险是脱离群体，当某一只羊脱离群体时，这只羊就会立即被狼吃掉。对于羊来讲，始终处于羊群之中是一种客观的安全保障，一旦脱离羊群危险会成百倍的放大。同样的道理，这种不脱离整体的从众心理也已成为人类的本性。然而在现在的资本市场，这种从众心理却常常给投资人带来损失。因此，理性的安全边际投资者不仅要对企业的价值有正确的判断，而且要对人类的心理特征有必要的了解。

所以在具体的操作过程中，你一定要用超强的理性驱逐因为看到别人的抛售行为而产生的动摇和焦虑，这时你就要想尽办法排除这种担心和顾虑。投资大师林奇的经验和观点有助于我们排除心理干扰，林奇认为：“下跌是个极好的机会，买入你喜爱的股票，下跌就是使十分优秀的公司股票变得很便宜。下跌正是捡便宜的好时机，这些便宜货是那些惊慌中逃离风暴圈的投资人所丢出来的。假如你是那种会在慌乱中抛售一切的人，你就该远离股票市场。当股价下跌，股市回调时，把钱撤出来的人会比把钱投进去的人损失更大。”

以上三个关键环节是做好安全边际操作的基础，三者缺一不可。任何具体的操作和行为都是在解决了这三个问题之后才有成功可能，这三个关键环节中的任何一个没有解决都可能招致失败。

安全边际是理性和非理性的博弈

安全边际和成长投资，作为整个价值投资大厦的两个最重要的支柱。安全边际与成长投资的本质原理完全一样，都是价值决定价格的基本规律，但是在具体表现形式和做法上却大不一样。安全边际在做法上更接近于短线操作。特别是安全边际和成长投资的利润来源完全不同，安全边际挣的是市场上其他人的钱，是利用别人的恐惧和不理性的错误挣钱。成长投资挣的是企业的钱。

安全边际是在股价极低的情况下买入，然后在股价回到合理位置时卖出，这段时间极短，大约一到三个月的时间。原因是引发非理性的恐慌无论多么严重，它终究会随着时间推移而散去，而且时间越往后消散的越快。另一方面，伴随着恐慌气氛的散去，理性的回归会越来越加速。

因此，这个理性与非理性博弈过程必定是短期的。在如此短的时间里，企业的内在价值不可能发生重大改变，这一阶段投资人挣到的钱完全来自于市场，来自于非理性的投资人错估形势后的盲目抛售。

投资人挣到的钱是非理性投资人主动或者被迫割肉，给理性投资人带来的机会。利用安全边际挣到的钱都是市场上其他人赔掉的钱，投资者者需要借助别人的不理性来挣钱。从这一点上说，安全边际的价值投资也是一种博弈，只是这种博弈的基础和成败的源泉是由价值和对价值的准确把握所决定的。

利用更多安全边际挣钱，就要别人不断地犯错误和大量的犯错误，这也就是为什么安全边际总是在突然的负面消息的冲击下才发生。因为只有在突然负面消息冲击下，别人才能够失去理智，才能够仓皇失措，犯下明显的错误。在正常情况下，在平和的环境状态中，所有的人都可以保持理智和冷静，理智和冷静的丧失只能是在特殊的意外情况下发生。于是出现安全边际的一个基本条件就是普通投资者错误决策、错误卖出。错误卖出导致价格低估，理性的冷静的投资人借机低价买入，最后烟消云散，时间推移股价回升，理性投资者实现获利，这就是安全边际的本质。

没有无缘无故的跌，也没有无缘无故的涨，无风不起浪。没有负面消息就不会有人丧失理智，从而股价也不会下跌。负面消息还要借助不理性的人群，如果市场的参与者都是极其理智的，那么有负面消息也不会使他们丧失理智。茅台就是一个例子。2007 年 4 月末，茅台突然传出总经理因为贪污被调查，这本来是一个足以引发安全边际的突发负面消失，但是茅台的股价只略微下跌了百分之几（如图 3－8），而且随着事件的进一步演化，股价始终处于平衡状态，没有大的波动。其中的原因就是茅台的持有者都是长期战略投资者，都是大的投资机构，他们的理性程度极高，他们知道这件事情不会影响茅台的长期发展趋势，在他们中间就没有产生恐慌情绪，所以股价不跌。

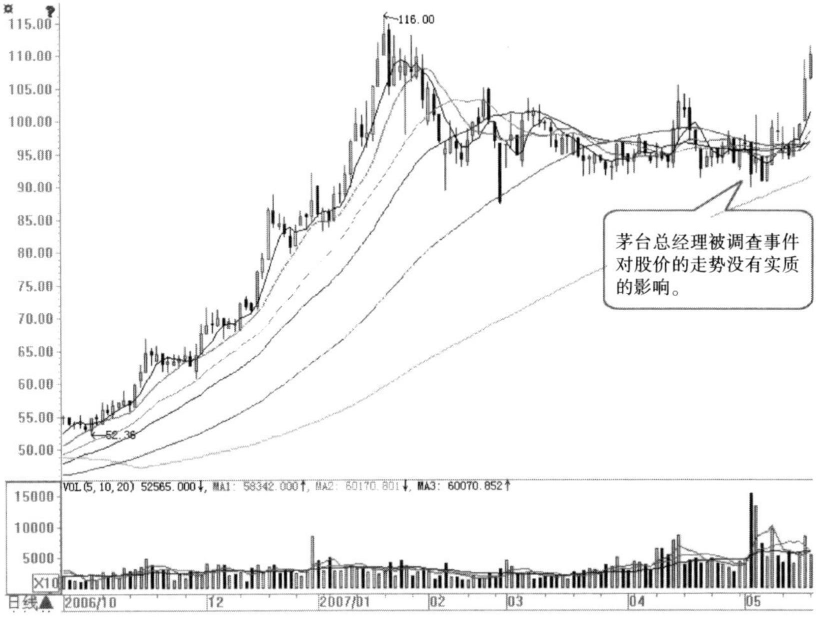

图 3-8　贵州茅台 2006 年底到 2007 年 5 月份的走势图

如果茅台的持有人都是普通散户，理性度不高，那么这个事件一定要引发股价大跌。

总结一句话：安全边际操作者真正比的是理性程度和估值能力，比的是心态和人性，安全边际是理性和非理性的博弈！

传统的观点认为，价值投资、安全边际与博弈几乎是势同水火，然而从本质上讲，安全边际其实是博弈，安全边际与博弈不可分割！如果有一只股票，它很有价值，市场上所有的投资主体都根据行业地位、品牌优势、管理水平、需求特征等基本面分析判断出这个股票将来值 1000 元，对这一结果大家没有任何分歧，此种情况下，投资人能够因为这个正确的判断获利吗？回答是不可能！因为大家都高度一致地认同这个股票未来值 1000 元，所以，大家采取一致行动使得它目前的定价完全合理，这样，未来 1000 元的内在价值就必然正确反映在股价中。投资人在这种情况下通过持股获得的利润是非常低的常规利润。

我们在这样一只股票上真正挣大钱其实需要两个条件：一方面，你准确地基于基本面分析判断出公司未来的成长性和价值。另一方面，需要其他投资人不能正确地判断股票的价值，他们把明明值1000元的公司错误的认定为值100元，并且，这些犯错误的还必须是大多数，只有犯错误的是大多数，股票的价格才能定在100元，才能让你有900元的潜在利润。

这样一个获利过程，客观地包含着两个步骤。一是你要准确判断公司价值，也就是你要有估值能力；二是在你正确估值的情况下，市场上的其他主体估值是错误的。第二个条件是最重要的，它使得对同一公司产生了两种不同的估值判断，这种差异因为是在同一主体上形成的，因此，它一定会形成定价博弈，形成标准的博弈关系。博弈使得少数的拥有准确估值能力的人，可以以极其不公平的价格买入股票。估值分歧越大，估值博弈也越激烈，这时，获利机会就越大。当市场一致看好某一只股票，以及一致看坏某一只股票的时候，即便这种看法本身是对的，我们认为这种正确的看法也不能让投资者获得较多的利润。因为，市场主体之间高度一致，从而没有博弈，也就没有办法利用这个正确的判断获利。

显然，在正确估值的前提下，这个单一条件是不能让投资者获利的，只有在正确估值并有对抗性的博弈过程中，正确估值才有可能带来巨大利润。安全边际所产生的利润并不是企业唯一贡献的，在准确估值的基础上，所获得的巨大利益的主要部分其实是来自于那些估值能力差的人。从这个意义上讲，如果没有估值博弈，也就没有价值投资和安全边际。

安全边际的博弈是以估值能力为基础的博弈，估值能力的强大和估值经验的丰富是取得估值博弈成功的基础，我们称之为估值博弈。大部分人在一定的学习和经验之下具备估值能力，它属于知识和智力的范畴，投资人彼此差异不大，因此，单凭估值能力并不能确保博弈胜利。价值投资者之间的博弈最关键比的是投资主体之间的人性控制能力。

股市，一方面从客观上需要理性来维持其正常发展，但另一方面，由于市场的主体是人，人不是纯理性的，所以纯理性的市场永远不会存在，因此认为市场永远不会失灵是愚蠢的。由于市场的主体本身有非理性的固有特性，而且在一些明显的由理性思考解决不了、理性派不上用的领域和问题上，人会委派非理性去解决，所以在一种复杂的不易理解和不易判断的局面出现时，非理性成了这种局面下的行为选择依据。换言之，在一个突然地、意外地、复杂情况快速出现，让人难以把握、难以理解时，这时大部分人的行为和决策是由非理性支配的，这就是为什么在这种情况下会出现安全边际和投资机会的真正原因。

突如其来的下跌让人们摸不着头脑和方向，既然股价已经下跌而且跌得很猛，又有那么多不明朗的事，还想什么，走吧！三十六计走为上策。在下跌时，人们已经不是在用理性决策，是在用非理性决策。恐惧是大自然给动物提供的一种自我保护的情感，只有知道怕，人们才不会去玩火。害怕是为了保护人类，当你不知道处于何种状况时，就会产生害怕，于是你快速跑开了。人们跑开是因为不知道会发生什么，而不是理性地预测到会发生什么？非理性是可以互相传染的，非理性逐渐在个别人身上出现，逐步扩散传染直至完全同化所有的人而结束；在非理性的最疯狂期，理性开始在个别人身上出现，并逐渐扩散，最终使所有人变得理性。理性与非理性的本质关系是辩证的对立统一关系，是一个事物的两个面，形象地说，就像我们的太极图。

对于投资者，洞悉人性、掌握人性是最重要的问题，投资者需要了解人性，控制人性，对抗人性，人性是投资最大的敌人，这一课题非常有意义，非常重要！

用生活中的事例体会安全边际的内涵

在我们对安全边际做了较多介绍后，越来越清楚地看到，安全边际实质上是强大的、健康良好的企业在遇到一些小麻烦事，或者是遇到看上去大一点的麻烦的事（这些都不是本质性麻烦，这些麻烦相当于发生在一个小伙子身上的感冒，而不是发生在老年人身上的心脏病），引起股价先下跌，随着时间推移，麻烦过去之后，股价回升。安全边际就是市场给我们提供的捡便宜的好机会。

事实上，在生活中大量存在着这样的捡便宜的机会，安全边际在生活中广泛存在。比如：服装的反季节销售，产品的换代导致的降价等。下面是一件发生在我们的生活中安全边际的情况，大家可以借助它更直观、更深刻地理解安全边际的本质内涵。

2007 年 3 月 10 日清晨，一辆汽车停在了人们晨练的广场旁边，车上的小喇叭传来了一阵清脆的叫卖声：“春节礼盒酸酸乳，原价 25 元，现价 10 元 3 盒。”话音刚落，汽车立即被人围住。我赶在第一个交了 10 元买了 3 盒，兴冲冲跑回家里，马上打开让人们品尝，看是不是质量有问题，或者是生产日期过期。生产日期是 2 月 19 日，到 3 月 19 日到期，现在是 10 日，还没到期；人们品尝的结果是味道不错很好，于是我决定加仓买入。突然，见多识广的大姐大声说："不能买，生产日期标的是2月19日，但谁知道到底是哪天生产的，酸酸乳里都有香料，任何情况下口感都不错，买来如果有问题，孩子们喝出问题怎么办?"我也犹豫了，于是决定连喝三杯，由肠胃亲自鉴定。到了上午10点，肚子不疼，也没有不适，于是马上赶往销售地加仓。等我赶到一看，人去车走，一汽车货已经在一小时前卖光了。

此时我的大脑完全被安全边际理论所占据，这不是一个生活中活生生的安全边际吗？而在这一次产生和消失的过程中，我更加认识到了安全边际的几个特点，以下是我的体会：

第一，安全边际的出现总伴随着负面的和不利的情况，或者是可能的不利情况：比如这个礼盒酸酸乳，本来是为春节生产的礼物，现在春节已经完全过完了，并且保鲜日期也快要到了，从形势的发展，日期越往后对厂家越不利，快速低价卖出符合商家利益。另一方面，产品本身的内在价值——即饮用价值完好如初，只有两个非本质属性出现问题——春节过了和快到期。这两个问题与产品的内在价值无质的关系。这使我认识到，在生活中和股市卜内在价值良好但商家基丁某种非本质理由大量低价卖出优质产品和股票的时候，一定有非本质的负面和不利的情况，或者是可能的不利情况，无缘无故商家不会低价卖的。

第二，当内在价值无损坏，但价格极端低的情况出现时，人们或者人性决定了人们往往不愿相信这是一个低买的机会，而是首先想到低价背后一定有重大不确定风险，否则不会这么低。人们总认为便宜一定没好货，价格低一定是有问题，事实上，市场会在一定条件下，出现不合理的低价。

低价格出现时，你一定要有一种意识，可能低价格是机会（也可能不是)。你不要认为低价一定是不好，而要立即着手估值，要理性估值，一旦发现内在价值没有变化立即买入。

下面的例子更真实更深刻地揭示了安全边际的某些规律，这是我花5.9买运动服的真事。

2008年9月的一天晚饭后，与家人信步逛超市，超市虽大，但人不很多。在服装区，我突然看见一套巴西足球队的队服，标价为5.9元，立即兴趣大增。这套队服看上去各方面都不错，面料、色彩、做工都非常好。我很奇怪为什么标价只有5.9元，比一杯饮料价格还低。

于是，我问营业员："这件衣服是5.9元吗?"他说："是的。"我还是不信，又跑去问一个看上去是领班的工作人员，他回答也是5.9元。

我马上决定买下一套优质的巴西队队服。这时，家人非常不满地说："动不动就问人家最便宜多少钱，就买最便宜的，一见有便宜的东西就眉飞色舞，让人看不起。"

由于此观点我多次听过，所以并不会改变我的决定。家人继续说："衣服可能有问题，没问题怎么会卖这么便宜，便宜有便宜的道理。"此时，我犹豫了一下，但最终我的消费习惯还是促使我买下了这套衣服。

在收银台，工作人员面带微笑地说："对不起，电脑打出的价格是5.9元，我得问一下经理是否出错了。因为几天前它的价格还是200元。"

一会儿，工作人员回来客气地对我说："耽误您时间了，我问了，的确是5.9元，请将衣服拿好。"

当我穿上这套衣服后，看着镜子中的自己，成就感从心底涌出。这套衣服太好了，我又一次抓住了一个巨大的安全边际，价格低得让人难以想象。5.9元！在普通餐馆还不够买碗面条。与此同时，我也开始思考：超市为什么定出了这么低的价格?

几天后，我带着疑惑专程再到超市，发现衣服已经卖完。我又找到超市工作人员，问价格为什么定得这么低。超市工作人员告诉我：“这些衣服本来是厂家的，在超市卖了一个夏天，最后剩下一部分。由于夏天过了，厂家白送给了超市。”

我又问：“厂家为什么要白送?”

工作人员说：“货太少，厂家不值得专门派人来把货拿走。同时，送给超市可以建立关系。超市接到这些货后，又面临一个规定：‘过时的货必须要处理掉，不能把剩下的货压到来年，否则会被当成工作失误。’于是，为了快速赶在夏天把货卖完，就定了5.9元的价格。”

我问：“定这个价卖得快吗?”工作人员说：“不快。”

我很奇怪地问：“那为什么货马上就没了？”

工作人员说：“都被我们超市的员工买走了，超市的员工一口气买了35件，因为我们知道这些货的来龙去脉，所以都抢着买，但消费者因为太便宜，反而没有多少人买，你是为数不多的几个主动买的人。”

当我知道这些内情后，感慨万千。以下是我的感想：

(1) 的确存在着内在价值完好如初，但价格低得无人敢买的商品，并不是低价就一定不是好货。

(2) 有些好东西，出现了低价格，大家反而不敢买，怕里面有没有表现出来的风险。人们会因为价格低而不敢买入，却更愿意在价格上涨时买入。

(3) 理性的调查研究和实事求是的分析可以发现低价中的“金子”。既不能因为低价而不敢买，也不能因为低价而盲目买。

行业安全边际难得的发财机会

2006年9月，中国国航从2.8元的破发行价开始启动，只用了短短3个月，到2006年12月，股价翻倍，站到6元之上，挑战7元。南方航空、上海航空、东方航空均大幅上涨。2006年的四季度，中国A股市场上航空股的上涨，无论幅度还是持续性，都是市场中表现最为良好的一个板块。再看一下航空股在上涨之前的整个走势会发现，过去的几年里，航空股首先经历了惨不忍睹的下跌，其次又经历了常人难以忍受的横盘。图3－9是南方航空2004年初到2007年初的走势图。

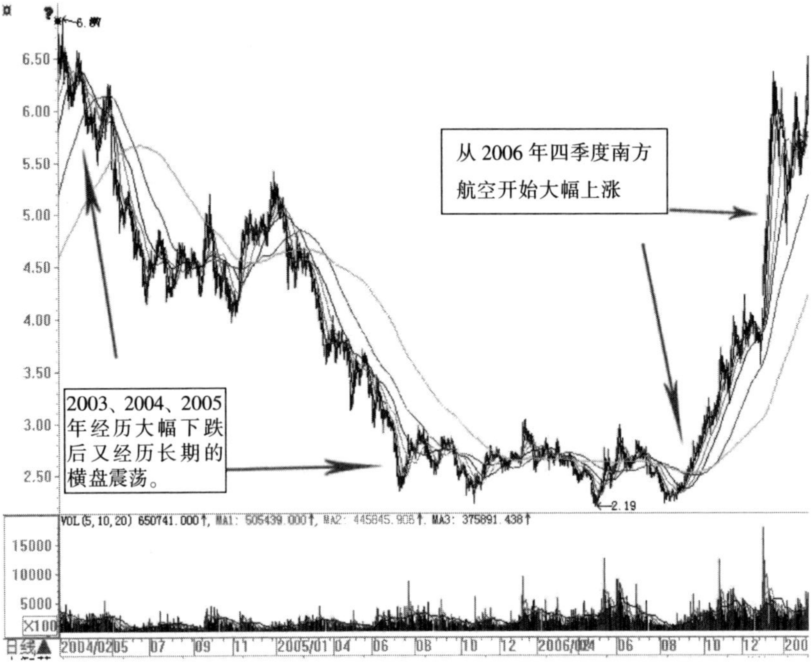

图3－9　南方航空（600029）2004年初到2007年初的走势图

之所以是这样，是因为作为航空公司最重要成本的原油价格从2003年初的30美元一桶。涨到2006年夏天的80美元一桶，随着国际油价大幅上涨，全球范围内的航空公司普遍处于困境和亏损之中。而导致航空股股价的兴起，是因为国际原油价格从2006年7月的80美元一桶，很快回落到50美元一桶。图3-10是2003~2007年国际原油价格走势图。

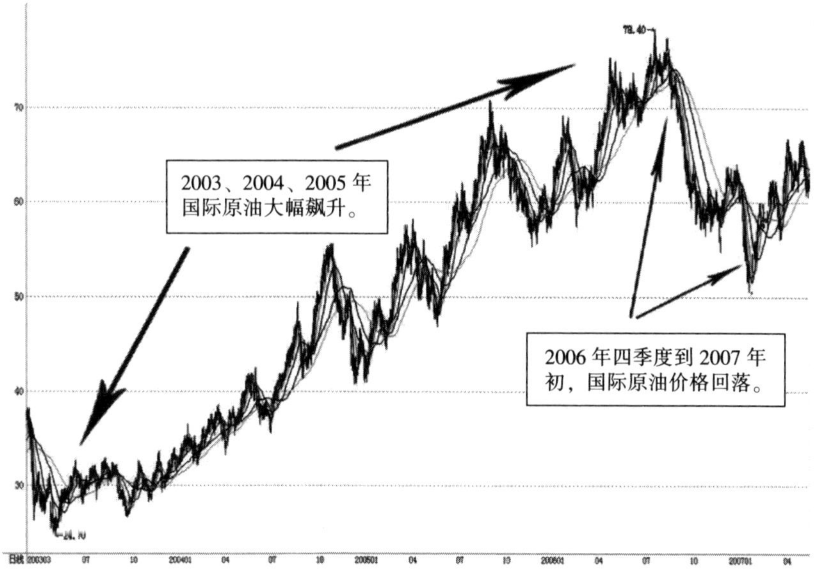

图3-10　2003年到2007年国际原油价格走势图

在航空股短短几个月完成了股价翻番之后，引起了我们足够的重视和深入的思考，里面是否隐藏着一个规律性盈利模式呢？思考的结果是，这种情况的确具有规律性，包含着规律性极强的获利机会。这种情况属于一种非常重要的价值投资流派和模式，我们称之为行业安全边际投资。

行业安全边际投资的具体内涵是：某一个行业，因为某种特殊的原因导致了整个行业面临着不可抗拒的困难，使得该行业中的企业整体陷入困境。这种困境又是最终会得到解决的，而不至于使整个行业消亡或长期进入衰退。当导致行业处于整体困难的事件随某种条件的变化逐步消失，该行业从困境中复苏，在行业从困境中复苏的时候，买入该行业的股票，享受该行业的复苏，就是行业安全边际投资。

1. 行业安全边际投资的特点

行业安全边际投资的确定性要比普通成长投资强，因为行业自身的发展轨迹和趋势是行业所固有的深刻规律，当外部力量在一段时间内改变了这种规律性趋势，一旦外部影响消失，规律性趋势就像弹簧失去了外力一样，快速地回归原有状态。复苏型成长的股价成长过程，实际上是行业发展趋势拨乱反正、回归本来价值的过程。这一过程的客观性强，必然性强。成长股投资未来的成长不确定性相对要大一些，风险度和变化多一些，安全性差一些。

其次，复苏的过程较为猛烈而短暂，对此我们认为这与负面影响消失后行业回归到原有趋势的确定性有关。因为这种确定性非常之强，使得股价的回归没有不确定性，没有分歧所以资金会被强势地吸引过来形成争先恐后抄底效应，因此，股价回归过程猛烈而短暂。

2. 行业安全边际投资需要把握的关键点

一是导致行业整体陷入困境的因素必须是非本质性因素。比如航空公司，油价上涨带来的是成本的提高，但是航空公司的货运量和客运量都在增长，营业额都在增长，航空公司在社会经济中的基础性作用没有任何实质性的改变。油价上涨不能对航空公司作为社会经济中重要的部门构成影响，航空公司的成长不会因为油价上涨而受到实质性影响。

二是引发行业陷入困境的因素无论持续多久，终究会消退。这样，产业才会迎来复苏。如果负面影响最终不消失，变成了长期影响，则复苏就不会来临。比如航空公司的亏损，如果油价长期维持在高位，那么整个航空运费的涨价，就会使得这个负面影响得到化解，或者油价下跌这个负面因素也会自然消失。

三是行业安全边际投资和周期性行业的区别：周期性行业是周而复始地发生高潮和低谷，并没有外部因素影响，它的起伏是行业自身因素决定的。而行业安全边际是在外部突发的不可预期的力量影响下产生下跌，在外部影响消失后复苏。行业安全边际是在行业自身发展节奏、发展趋势、发展轨迹受到某个外部因素的影响被改变，在外部影响消失后回到原来自有的趋势和轨迹中。不像周期性行业的涨跌，是它自身行业的轨迹就是涨完了跌，跌完了涨。

四是困境中的行业在困难中滞留的时间不会太短，股价在低位盘整或下跌的时间也比较长。这是因为，某种足以改变行业整体发展趋势和轨迹的力量必定是非常强大，否则，它就不可能使行业整体陷入困境。强大的改变行业整体发展趋势和轨迹的力量变成弱小的力量并逐步消失，必定需要一个过程，必定有一定的难度，这是事物发展变化的一般逻辑和原则，因此，复苏之前的下跌和盘整相对漫长。

我们认为，行业安全边际投资在市场中普遍存在，它是价值投资的一个重要的流派和模式，它的优势明显、收益可观，它的本质就是行业整体发生了安全边际。

行业安全边际的实例

现在将我们在电力行业整体复苏过程中，在电力股上进行行业安全边际操作，短期内获取丰厚利润的实际操作案例提供给大家，以便于投资者结合案例，深刻理解行业安全边际投资所具有的爆发力强、上涨幅度大以及整体行业内所有公司共同上涨的特征。以下是我们在2007年初就电力行业存在着行业安全边际给客户写的《电力行业投资建议书》:

电力行业投资建议书

经历了2006年的强劲牛市行情，进入2007年，市场不外乎两种可能，要么涨，要么跌，如果我们找到这样一个板块，市场涨它也会涨，市场跌它也不跌，这样不是非常安全获利的有利态势吗？复苏型行业和企业就是这样的板块。由于基本面在日益转好，因此，介入复苏型企业是一种挣钱、防跌兼备的正确选择。

电力行业是个典型的复苏成长行业，而且是一个正在进行的复苏行业。电力行业在2005年出现了几乎是全行业的亏损，即使是一些不亏损的优势企业，它的经营状况也是有史以来收益最差的一年。这一切都是因为煤炭价格的上涨造成的。从所有火电企业的股价走势可以看出，它们的股价从十几元跌到二三元，个别企业能跌到几毛钱（见图3－11电力行业指数）。

由此可以看出，煤炭价格的上涨对火电企业的打击是何等沉重。目前来自于基本面的一系列变化，已经促成了火电企业经营的好转。虽然个别火电公司的股价有了很大的上涨，但是我们认为，站在大的

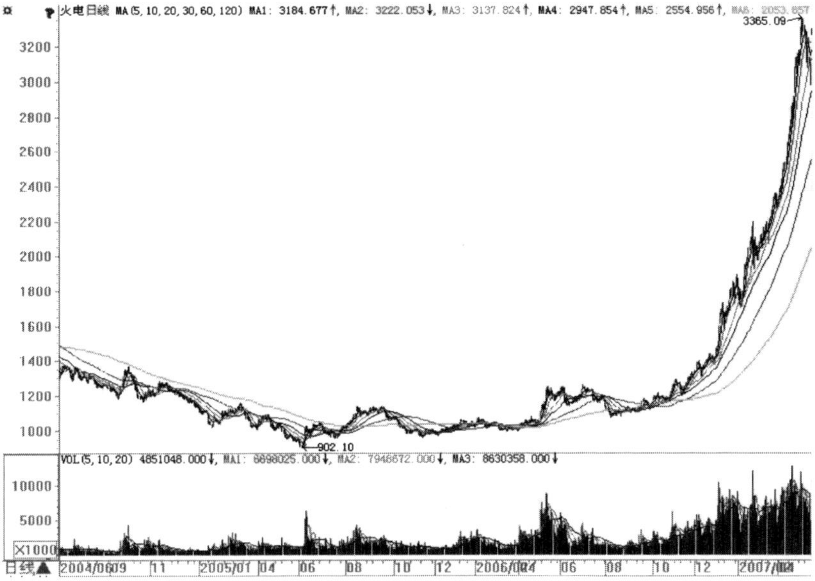

图 3 -11　2004 年到 2007 年整体电力行业指数的趋势图

行业从极端困难向正常走势回归的角度看，电力企业的复苏远未结束，才刚刚开始。

造成火电企业经营极端困难的煤炭价格，其走势已经高位盘整快两年了，国际煤炭价格在 50 美元附近做长期高位宽幅波动，两年来始终未能创出新高。我们谈煤炭价格，并不是想预测煤炭价格，事实上煤炭价格也和大盘指数一样，是难以预测的。我们只是认为按照事物兴衰交替的一般哲学规律，煤炭价格的变化将可能由对火电企业的打击，变成对火电企业的促进，煤价至少不会再伤害火电企业了，电力企业的困难已经过去了。剩下一段时间需要恢复股价，我们认为这个恢复的过程时间会很长，股价的涨幅会非常的大。

电力市场是中国 30 年改革过程中，最后的没有市场化的商品之一，而电力企业的原材料和设备都已经完全市场化了。电力企业的上游已经完全市场化，唯独电价是行政定价，电力企业不可能长期游离于市场之外，目前发生的电力企业的困难，实质上不是煤炭涨价，而是电力企业还在搞计划经济。作为发电企业成本的煤炭的价格可以翻倍上涨，而发电厂在成本大幅增加的情况下，由于电力是基础商品，不能自主确定产品价格，不能自主提高电价，这是造成电力企业亏损的根本原因。目前电价改革已经开始，煤电价格联动政策开始落实（煤电价格联动政策是当煤价上涨时，电价也同步上涨的价格政策），这一政策会推动电力企业的恢复和复苏。

综上分析，现在应该战略性买入电力企业，而不是短期的以获得一个小比例的收益为目的的介入，而是一个中期介入。

在电力股里，由于火电企业特别多，有几十家，基本面也有很大的差异，加之目前有一个竞价上网的电力改革政策，这是一个引进竞争机制的政策。竞价上网会使得某些电力企业陷入困难，而使另一些强势企业变得有利。这样，选择股票就变得非常重要了，因整个电网的电价以及煤炭的价格变化在各地区不一样，所以选择股票也不是特别容易。部分省级以下的电厂，煤电价格联动政策是不受益的，这一政策只对大的省级以上的电厂有效。目前市场上是有的电力股没涨，有的电力股涨的多，也不一定是没涨的电力股跟涨，也不一定是涨的电力股就不涨，所以我们按照以下三种标准把电力股分成三类，从每一类中选择一只股票，供大家买入。

一、强势企业：这类企业经营管理水平特别高。在煤炭价格上涨的过程中，受到的冲击通过管理适度消化。这类企业在未来电力市场引进机制后将会成为行业的领跑者。

二、受煤炭价格冲击非常重的企业：这类企业是主营收入很大，但是这几年毛利率和净利率下降得非常快，而且现在还没有实现恢复，它们可能会成为复苏中的重要力量。

三、从盘面上、技术上、走势上有某种资金活动的电力公司。

依据上述研究，我们指导广大客户迅速建仓电力股，虽然当时大盘在下跌，但我们果断让客户在下跌中买入，然后通过不断与客户沟通理念、加强客户耐心持股的信心，以下是关于持股过程中我们的点评分析：

2007 年 1 月 27 日点评：最近大盘猛烈震荡，所有的股票都大幅震荡下跌，大家需要记住的是，这正是我们要买入电力股的重要原因之一。我们之所以买入电力股，就是认为在现在很难找到低估的股票。某种程度上，大盘有不确定性压力，电力股基本面上正处于逐步复苏的进程中，这样它本身具有相对安全性，所以不要因为大盘下跌对电力股产生怀疑，在大盘下跌时所有的股票都会跌，但是跌和跌的性质不一样。电力股的下跌只是一个表面现象，从产业趋势上讲，它正处于一个复苏过程中。

2007 年 2 月 10 日点评：随着年报的公布，至少三分之二的火电股发布预增公告，这一事实证明电力行业确实发生了全面的复苏。我们所预测的电力行业复苏的确是发生了，在这种背景下整个行业中个股的价格回归和复苏仍将继续。就我们来说，在 1 月份介入的客户基本上实现了 20% 的盈利，对此我们的观点是，由于行业复苏已经发生且正在向前深入，所以现在不必急于离场，所需要考虑的是如果获利较多且在这个股票上发生了明显的炒作和资金推动，这时我们就要离场。比如在一些小盘电力股上已经出现了这种迹象，有明显的炒作资金在拉涨停，然后股价又大幅回落，遇到这种情况要出掉。退出的资金要买入大盘强势电力股，因为客观上大盘电力股的复苏力度更强劲，而且也没有炒作资金干扰股价的正常走势。随着电力改革，竞价上网和电力相对过剩，大电力股局面更加有利。

2007 年 3 月 3 日点评：亲爱的电力股：在这周波澜起伏的大波动中，你表现的是那样的强，那样的稳健。因为某种对持仓结构的整体考虑，我们基本从电力股中退了出来，在这一个多月的持股时间里，我们所有的客户平均获取了30%的利润，个别客户的获利更高。这次操作让我们深刻体会和理解到了复苏型成长这一价值投资风格的内涵，某些行业整体由于特殊原因处于整体困难的时候，就应该相机买入，这其实也是安全边际在整个行业上的应用，广大客户在现在已经获利退出的情况下，回过头来，再看一下，我们的复苏型成长的阐述，与后来发生的情况是否一样，其中的原因并不是我们聪明，而是我们抓住了这类事物变化的规律性。一切成功和获利如果建立在规律层面和道的层面上就不会有不成功的时候。

股市投资就是要顺应和发现事物内部的某种变化规律，利用这种规律挣钱就是必然的简单的。在我们离开电力股的时候，电力股仍旧在上涨，而且社会资金还在向这个板块涌入，我们祝电力股一路走好。

在短短的一个半月时间里，按照行业安全边际的理论为指导，根据中国电力行业的基本特征和情况，我们在电力行业安全边际的操作过程中，获得了超过30%的收益，而且在我们认为股价已经充分与价值一致卖出电力股之后，股价仍旧进一步上涨。

安全边际中包含的投资之道

在前面介绍的电力行业安全边际投资的案例中，我们一共在20多只电力股上进行了操作。其实我们对所买的这二十几只电力股的公司情况并不十分了解，我们并没有对这些电力股进行具体的、深刻的走访和调查，对电力公司的买入主要是基于公司的财务报表和简单的电话访问。比如我们买入惠天热电，主要是看到它的价格低于净资产，而电力企业的净资产的含金量比较高；买入吉电股份的原因，仅仅是主营收入非常大，一旦成本有少许的降低，就会引发较大的利润增长。

我们认为，这次电力股收益根本的原因不是对公司的研究，而是对整体电力行业进入不可避免的必然复苏阶段的准确把握和正确判断。我们之所以能够对电力行业复苏有准确的判断，原因极其简单，就是我们认为电力行业从世界各国的角度，作为经济的基础产业永远不会发生长期实质性亏损。之所以有这样的判断，是基于根本的经济规律和经济现实得出的，如果电力行业长期亏损，则电力行业的回报率不足吸引足够的资金驻留和参与到这个行业来，从而使得整体电力行业供给将不足，造成社会经济的基础动力不足。这对于整个社会经济系统来说将是严重的困难。社会经济要求电力企业提供长期稳定的能源，为此社会经济运行的内在规律就决定了电力股不会长期处于严重的亏损中。2005 年以来的火电企业亏损，是由于煤价上涨造成的，煤价上涨造成火电企业成本上升。按照市场经济规则，火电企业原本应该有权涨价，但中国的情况是电价由行政定价，企业不能自由定价。电厂的生产成本是市场化定价，但产品却是行政定价，电力企业的经营环境被扭曲，于是电力企业全亏损。这种亏损并不是电力企业的生产、经营和销售出了问题，而且社会对电的需求还在不断增长，前景光明。全世界范围内，没有任何一个国家电力企业长期亏损，假如电力企业长期实质亏损，会使社会发展受到伤害。电力企业不会长期亏损，这是必定如此的、不可改变的、是规律、是“道”。由于它是规律、是“道”，所以认识这个规律、认识这个“道”，顺应它们就一定能挣钱。在电力股上虽然我们并不特别了解具体的企业，但是我们把握住了行业发展变化的必然规律，在“道”的层面有了正确的认识，即使在微观细节上有所不全面也必定能取得收益，因为“顺道”是商业经营的最高境界和根本要求，也是投资的成功捷径。

借电力股这个具体的案例，我们进一步对安全边际包含的投资之道和顺道投资的理论做一些阐述。

几千年来人类的哲学流派为数众多，不过不管怎么说几乎所有的哲学流派，无论是唯心主义还是唯物主义，它们都有个共同共性，就是所有的哲学流派都认为世界是在某种规律的支配下向前演化的，世界的发展前进是在一种有逻辑的力量支配下按照一个有章法的方式逐渐向高级演化，世界不是一团乱麻，也不是一股风，世界更不是杂乱无章的。各哲学流派的差异仅仅是对这种规律性和确定性的性质的分析，唯物主义者认为这种确定性是物质的，不依赖于主观，而唯心主义则认为这种确定性是由神或者某种神秘的力量决定。

依据世界万物运行都有规律的哲学观念可以自然地得出一个结论，人类社会的发展变化是有规则的，不是随机的，从属于人类社会的商业经济发展变化也是有规则的，而从属于商业经济的股票投资虽然变化复杂，现象多样，但它仍旧是有规则的。行业经济作为社会经济的一部分，也必定是有规则的，就像我们说的电力股不可能长期亏损一样，这就是一个基本的行业规则。

既然资本市场必定是在某种规则的支配下、在复杂的现象背后做有序的变化，那么我们深入地认识到这种规律和规则不是一种真正的挣钱之道吗，而且这种挣钱之道不是更可靠、更本质吗。

无论是个股的安全边际，还是整个行业的安全边际，都是建立在价值决定于价格、价格偏离价值后必定向价值回归这个基本规律和大道之上。因此，利用安全边际进行投资，具有极强的必然性、可靠性和较高的成功率！1955 年在美国国会发生了一次关于安全边际的最著名对话。当时美国国会安排了一个关于证券市场的听证会，由价值投资之父——格雷厄姆给议员们介绍证券市场的一些情况。一位议员问格雷厄姆："当您仅凭您的判断发现某只股票价格值 30 美元，但现价只有 10 美元，于是您买进。但只有当许许多多其他的人，认为它确实值 30 美元的时候，您才能实现您的利润。这个过程是如何产生的——是作宣传呢，还是什么别的？是什么原因促使一种廉价的股票发现自己的价值呢？"格雷厄姆答道："这正是我们行业的一个神秘之处。对我和对其他任何人而言，它一样神奇。但是，我们从经验上知道，最终市场会达到它的价值。"

格雷厄姆表达的意思是安全边际的价格向价值的回归，是不可改变的天道，如同太阳从东边升起、西边落下，是确定不移永恒不变的必然规则。在价值没有变化的情况下，过低的价格向价值回归是不可避免、不可阻挡的必然趋势。借助于这种不可避免、不可阻挡的必然趋势，顺应这种趋势，怎么可能不挣钱呢。安全边际之所以能帮助我们实现盈利，根本原因是价格低于价值时，价格向价值回归是不可改变的天道！

安全边际的哲学实质是假象

在上面的讨论中，实际上我们已经从具体的投资案例引申到了一般规律的探求，讨论已经升华到哲学范畴。为了更深刻地从本质上把握安全边际，我们现在就对安全边际的本质进行一次哲学上的探讨。

用哲学来探讨投资好像是有点另类，但事实上投资大师索罗斯是一位哲学博士，股神巴菲特本质上是个思想家。股市中技巧是最不重要的，股市是一个以思想为工具和生产资料的地方。用哲学讨论股市可以事半功倍，哲学是大道，大道至简，用哲学讨论股市，远比技术分析来得容易。

安全边际可以让价值投资者获利的深刻哲学原因是：

股票的价值是股票的本质，而价格是股票本质的表现，也就是价格是现象，现象以本质为基础，由本质决定，并表现本质。从一定意义讲价值规律描述的价值决定价格，其实就是："本质决定现象，现象表现本质。"

本质和现象在大多数情况下是正关联的，好人做好事，坏人做坏事；有价值的股票价格高、价格上涨，没有价值的股票价格低，价格下跌，正常情况下均是如此。但是本质和现象并不是永远一致的、正相关的，事物有假象的存在，假象就是表现出来的现象与事物本质不一样，而且相反。比如最典型的是人在去世前的回光返照，人的生命即将结束，但却表现出了精神饱满趋于康复的现象。好人有时也干坏事，而坏人有时也干好事，非常多的生活事例可以证明，现象和本质有时会出现相反的现象。

股价也是如此，大部分情况作为"现象"的股价，正常的、正关联的表现作为"本质"的价值，但在某种条件下，作为"现象"的股价运动，对本质性价值的表现是以假象方式进行的，这种假象和其本质相反。股价在一定条件下，瞬时甚至阶段性的脱离作为本质的价值决定，不再正确的以真相方法表达价值，而是以假象的方式表达价值。垃圾股价格上天和有价值的股票因故价格入地，都属于假象范畴。其中有价值的股票因故价格入地这就是安全边际，安全边际就是价格以假象的方式表达价值。

由于假象的出现和存在是以一系列特定条件促成和维持的，是一种较特殊的状态，因此，一方面因为假象需要大量的复杂条件才能产生，所以出现的次数和机会较少；另一方面，大量的复杂条件不宜长期存在，因此假象必定是短期的。

安全边际就是股价在某种情况和条件下，出现了与企业根本价值不一致、相背离甚至相反的情况。在这里关键点有三：一是复杂的条件为前提；二是形成了价格不能正确表达价值，甚至是反向表达价值；三是快速消失。

我们回过头来想一想，发生和经历过的安全边际从本质上是否是这样：因为突发利空，或者因为人们对企业的价值错判，或者因为大盘走熊，或者是别的什么原因，均是一种较复杂较少见的条件。这些条件使市场把好的当坏的，压低股价，使股价不正确的以假象的方式表达价值。当作为假象的安全边际发生后，由于价格和价值决定的方向不一致，所以这种假象迟早会消失。

下面我们具体地分析安全边际的三种情况来具体说明：

第一种安全边际情况：由于公司在经营过程中突发一个负面事件，比如2005年初，东北高速董事长涉嫌挪用公款被逮捕，公司股价大跳水，但到2006年末股价大幅回升（如图3－12）。东北高速董事长被捕引起的股价下跌是假象，因为高速公路的本质性内在价值是由公路的车流量、收费量决定，车流量和收费量只决定于地方经济状况和公路的里程和位置。高速公路公司从来就不是一个竞争激烈的行业，是坐地收银的行业。车流量、公路位置、收费量是高速公路经营状况的本质性决定因素和内在价值的主要影响决定因素。管理层在高速公路的内在价值决定体系中几乎可以忽略，董事长被捕这个看似严重的事件，实际上几乎与高速公路公司的内在价值变化无关系，实质的要素和由实质要素决定的内在价值没有任何变化。但人们条件反射式抛售，使股价下跌。这种下跌，不是本质原因引起的，也不反映真实的内在价值，因此是假象，是假摔，是安全边际。此后东北高速在低位经历了较长时间盘整后，股价大幅上升。

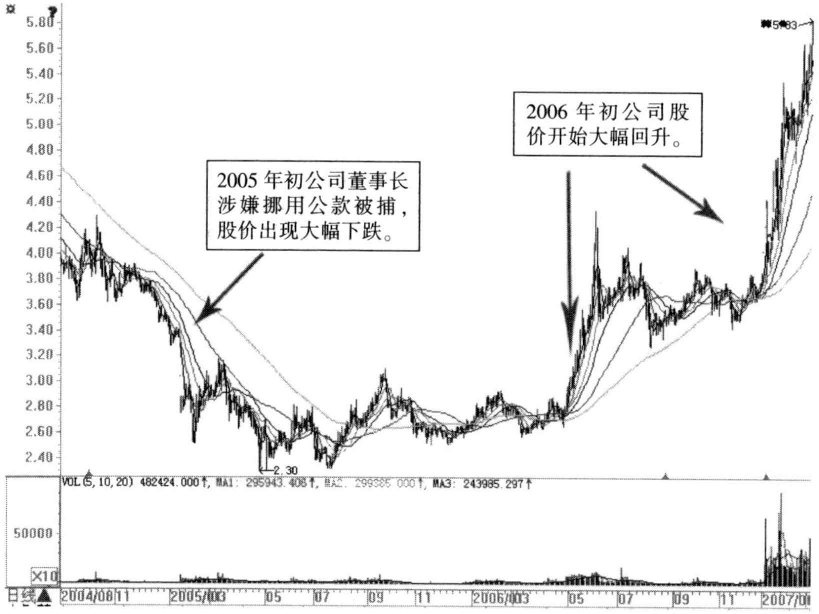

图 3－12　东北高速 2004 年到 2007 年走势图

第二种安全边际情况：公司的实际经营和实际内在价值比市场给出的价值高，市场给出的价值比公司的实际价值低，市场错估了公司的价值。2006 年的电力企业就是这种情况，由于煤价上涨造成火电全行业亏损，火电公司的股价乘以火电企业的总股本得出的总价值，比火电的总净资产低。比如上海电力、申能股份、吉电股份等均是如此（如图 3－13）。

大家应该知道，电力公司的净资产是真实的发电机组，并不虚，市场上给出的电力企业的价值，在当前物价水平上不能够再建一个同样规模的电厂。市场上给出的电力公司价值低于公司的重建成本，因而也必然低于公司的内在价值。

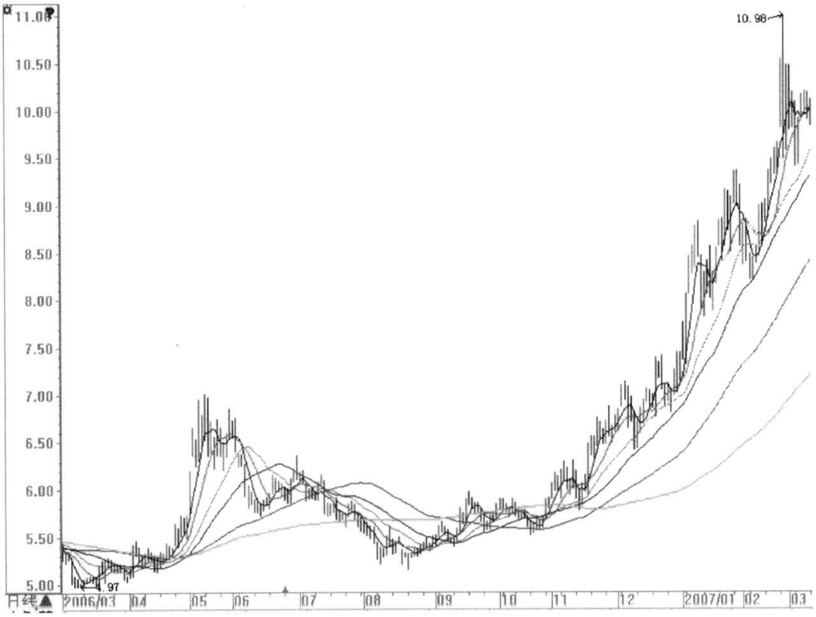

图 3－13　申能股份 2006 年反映第二种安全边际的走势图

电力股的错估是被行业亏损的假象迷惑。2005 年以来的火电企业亏损，是由于煤价上涨造成火电企业成本上升，由于企业不能自由定价，电力企业的经营环境被扭曲，于是电力企业全亏损。亏损是一种现象，它并不是电力企业的生产、经营和销售出了问题，决定电厂内在价值的生产、经营、销售一切依旧，社会对电的需求还在不断增长，全世界范围内没有任何一个国家电力企业长期亏损，假如电力企业长期实质亏损，会使社会发展受伤害。电力企业表现出来的亏损现象与电力企业的内在本质不一致、相矛盾，电力企业亏损是一个标准的假象，由亏损引起的价格大幅下跌同样是一个假象，假象不能长期维持，假象消失只是时间问题，电力股出现了安全边际。

我们再来看第三种安全边际的情况：由于市场整体进入熊市引起的某些股票被市场整体变化和气氛影响也随大溜下跌，使企业的价格低于公司的企业价值，这种情况下形成的安全边际更是典型的假象。

所有的股票都跌、泥沙俱下、玉石俱毁是市场走熊时的特点。但股票跌和企业的现实经营其实是两张皮。在市场走熊时，企业在正常经营，尤其是强势龙头企业，这样就出现了一方面企业正常经营，另一方面市场走熊所有企业股价都大跌，出现了股价不反映企业的实质经营，与实际经营情形相反，显然这是一种不正确的假象。这样的例子太多了，大家都有经验，此处不再具体举例。

综合以上理论和实际的分析可以得出明确科学的结论，所有已经和将要发生的安全边际，都是市场被假象迷惑后，对企业内在价值的错估和误判。由于假象不可能长期存在，现象和本质终究要实现表里如一，对价格的非价值影响因素，尤其是与价值相反的价格影响因素是不能长期存在的。无论是利空，无论是大势走熊，无论是人们误判和错估，只要和价值不一致，其对价值的影响一定会消失。因此，内在价值必定会得到正确估值，价格回升，假象消失，这种必然性的回归是利用安全边际获利的基础，也是安全边际能使我们获利的根本原因。

投资人凭借安全边际获利的根本，就是要能看穿假象，不为假象所迷惑。只有能看穿假象，才能在别人抛售时以不合理的低价买到股票；只要看穿假象，才能在别人抛售时敢于买入股票。看穿假象是利用安全边际获利的根本能力和关键手段。

安全边际与有效市场

安全边际作为一种简单的理论，也是一种最行之有效的投资操作方法。从多个侧面对安全边际进行了讨论后，现在我们把安全边际理论和市场上广泛存在的、与安全边际理论截然相反的有效市场理论进行对比，以便寻求更多的有价值的思想。

在安全边际理论中，首先肯定的是市场并不是永远理性和正确的，价格低于价值的情况是存在的。其次安全边际理论认为，市场和股价始终是在理性的价格与非理性的价格交替转换中运行的，从来没有一个市场上的价格始终是在理性的控制下，价格与价值永远完全一致，也从来没有一个市场上的价格是在非理性的完全控制下价格与价值永远偏离。

安全边际理论的核心思想是：理性的价格和非理性的价格交替出现是市场的固有特点。其中非理性的情况包括两种形式：一种是非理性的高估；另一种是非理性的低估，当出现非理性低估时，这就是安全边际。安全边际认为理性的因素和非理性因素是决定股价变化的一对不可分割的矛盾，有的时候理性因素是矛盾的主要方面，此时的市场价格就是价值和价格的统一；而有的时候非理性因素是矛盾的主要方面，这时市场价格和价值是背离的。

与安全边际理论相反，比安全边际理论影响更大的是有效市场理论。这个理论认为，市场从来永远都是理性的，价格永远和基本面上的真实情况一致，从来不会出现价格与基本面所决定的价值相背离的情况，市场上的价格从来不会出现误差，只要基本面没有发生变化，价格就不会发生变化。价格的变化只能由新的基本面信息决定。除非发生新的基本面信息，否则价格就不会发生变化。由于新的基本面信息现在还没有发生，任何人都不能提前预测未来会发生什么样的基本面信息，因此分析市场变化、预测市场没有可能性和可行性，分析与不分析其效果没有差别。一切基本面上的信息都快速、及时的反映到了股价中，某一资产值多少钱，答案是就值现在的价格，存在就是合理，现在的价格就是这一资产的真实价值。因此，有效市场理论主张不要分析、不要预测、不要估值，只要买入几只股票长期不动，等待社会的进步来推高股价。市场上有很多有效市场理论的信徒，而且利用有效市场理论所开发出来的被动投资法（就是随机买股票，拿着长期不动，既不选股，也不选时），也有较好的成绩。但是有效市场理论所说的市场永远都是正确的，不会存在非理性的价值背离是错误的。巴菲特针对有效市场理论说：“如果市场总是有效的，那我只有去乞讨了！”

有效市场理论的观点肯定是错误的。如果市场总是理性，股价总与基本面信息一致，人类社会的股市就永远不会发生崩盘和股灾。事实上，崩盘和股灾不仅发生，而且接二连三地发生。因此股价与基本面信息不一致的情况是存在的，非理性因素控制股价，使得价格出现高估或低估是客观存在的。

有效市场理论只揭示了市场中理性因素控制价格的一个阶段的情况，它否定了非理性因素控制价格也是市场一种客观情况的事实，有效市场理论只是整个市场客观变化的一个局部特性的描述。而安全边际理论更接近于全面的事实，安全边际理论比有效市场理论更宽大。它一方面既肯定了理性因素控制价格变化的客观存在，同时揭示了非理性因素控制价格的变化也客观存在。并且安全边际理论给出了利用理性因素和非理性因素互相交替控制价格的规律，实现挣钱。因此，无论是从思想的包容性还是从实用性讲，安全边际理论都高于有效市场理论。

目前随着机构化队伍的扩大和理性化程度的提高，越来越多的事实表现出市场的非理性波动日益减少，出现了理性化控制股价变化扩大的局面，非理性的价格减少，也就是安全边际的出现机会减少。然而我们认为不要认为安全边际的时代将终结，从来不会发生这种情况，安全边际是人性的反应，是由人性所决定的。安全边际完全消失的前提是人类完全丧失情感，理性的智力因素成为人类精神世界的全部，或者说是整个资本市场上都是由机器人在投资，那样，就不会出现安全边际。显然这是不可能发生的，无论投资者有多高的学历，哪怕投资者都是博士，哪怕投资者都是机构投资者，安全边际也不会消失，因为大家都是人，股市的变化反应了人类的某种固有的本质性属性。

之所以股市一定会发生非理性的情况，根源是在于人这种生物的精神结构中客观上存在两种精神现象，一种是理性的智力，另一种是非理性的情感。非理性的情感和理性的智力都是大自然赐予人类的能力，人类的任何行为都是在这两种力量共同支配下产生的。大家可以想一想，在很多情况下，我们自己所做所为到底是非理性的情感行为多，还是理性的智力行为多？实际上，一个人的一生中，情感支配下的行为远远多于智慧和理性支配下的行为，人既有理性又有情感是安全边际出现的根基和本源。

最后我们认为，将有效市场理论与安全边际理论结合起来应用可能更容易成功，现在世界范围内的有效市场理论家们不遗余力地攻击安全边际理论这是没有必要的。我们作为安全边际的信仰者，认为有效市场理论中有真理的一部分，有效市场理论与安全边际理论两者可以同时存在。

第四章

熊市是长期投资的天赐良机

无论是李嘉诚还是巴菲特，这些最成功的长期投资大师们，都是在人们落荒而逃的熊市中进行买入和投资，而且越熊越买，越熊下手越重。你可以不相信我的话，但巴菲特、李嘉诚的做法是活生生的财富剧增的真实实例！在熊市里，是走巴菲特、李嘉诚走过的路，做巴菲特、李嘉诚做过的事，还是听三流股评家的话，按照他们的意见握紧你的钱袋子，这既是你的个人权利，也关乎你的财富和未来！

为什么熊市是长期投资的绝佳机会？这个问题的答案我在本书的前言中有所说明，现在我们看看李嘉诚在熊市中的所作所为——他们在熊市里干了些什么？熊市是怎么样让李嘉诚的财富快速暴增的？由此我们可以寻找到这个问题的答案。

20 世纪 80 年代，中英谈判成为那时香港楼市和股市崩溃的导火索。1984 年中英两国政府达成关于香港 1997 年回归中国的《联合声明》后，不明就里的人们纷纷看淡香港楼市，选择把自己的物业套现，很多地产商也淡出香港楼市，与此同时股市也大幅下跌。在一片下跌引发人们心理极度恐慌的时刻，李嘉诚不仅对香港不离不弃，反而逆势加仓，在楼市和股市大手买入，最后的结果是李嘉诚的财富飞速暴增，并奠定了他在全球大展宏图的基础。

2008 年 10 月是港股市场 11 年来最"黑暗"的一个月。香港恒生指数在 10 月份累计暴跌 4048 点，创下 1997 年以来最大单月跌幅。不过，对于"超人"来说，股市的大跌却是个抄底的大好时机。李嘉诚以每股 8.935 港元买入 976.7 万股和记电讯，其后，李嘉诚又继续扫货，在 10 月 21 日至 30 日的 10 天时间内，李嘉诚共买入 2770.4 万股和记电讯，共耗资约 2.4 亿港元。

无论是李嘉诚还是巴菲特，这些最成功的长期投资大师们，都是在人们落荒而逃的熊市中进行买入和投资，而且越熊越买，越熊下手越重。你可以不相信我的话，但李嘉诚的做法是活生生的财富剧增的真实实例！从某种意义上讲，李嘉诚的财富有相当部分是通过在熊市中下注、在资本市场中挣来的！在熊市里，是走李嘉诚走过的路，做李嘉诚做过的事，还是听三流股评家的话，按照他们的意见握紧你的钱袋子，这既是你的个人权利，也关乎你的财富和未来！

长期投资巨大成功的原因

长期投资为什么能够取得巨大回报，这里面一定是有原因的，一定不是偶然的。在这里我们就对长期投资之所以能取得巨大回报的原因进行必要的讨论。

长期持股者之所以挣大钱，并不是他们聪明，而是他们有正确的股市投资观，他们顺“道”而为，这个“道”和“正确的股市哲学观”就是牢牢抓住人可以把握的长期变化趋势，完全忽略放弃人不可以把握的短期现象和偶然变化。他们知道什么是可以把握的和易于把握的，什么是不可以把握的或者是难以把握的。社会和经济以及企业的未来方向总体上是确定的、有规则的，是可把握的，但细节过程总是波浪起伏、出人意料、随机、不确定的。社会和经济以及企业发展的细节和具体过程是难以把握和不可预测的，任何人在任何情况下都不能够对股价短期的走势进行准确的短期预测。巴菲特对这一点有深刻的认识，他说：“短期投资就是对即将发生的事情进行赌博。如果用大量的资金进行短期投资，那你很有可能会血本无归。热衷于短期投资，也许最终你只能在福利救济院同别人讨论这个问题了。”

社会和经济总的趋势和方向是不断地进步、不断地发展，现在的普通人生活水平比过去的国王和皇帝要高得多的多。长期投资者成功的根本机密就是他们只搭乘社会和经济确定无疑的发展趋势，不关心过程和细节。只做长线，不做短线，只做投资，不做投机，这正是价值投资者真正的高明之处，也是长期价值投资挣钱的根本的原因。

投资人长期持股获得利润，利润的本质来源是投资人准确地抓住了企业发展的必然趋势和必然方向，以资金和时间为成本，借助于企业发展的必然趋势和必然方向获取利益。那么作为长期投资人怎么样抓住这种必然方向和总趋势呢？下面我们就这个问题展开讨论。

长期投资者不要关心小事和细节

抓住企业发展的必然趋势，首先要做的就是不要关心小事和细节，只有脱离杂乱无章的小事的干扰，才能把握住企业发展的必然方向。

有时常常发生这样的情况，客户急冲冲地把一份最新消息提供给我们，然后着急地说：“不好了，我们投资的股票出大事了，快看看这则消息，某某公司的前十大股东中的一个相对重要的自然人股东，因夫妻离婚导致该自然人的股份被一分为二，离婚后的夫妻各持有一半，从而引起公司股东关系变化。”

在这种情况下，我们一般会向客户介绍以下内容：

第一，很多事实已经证明，看着分时图。是挣不到钱的，因为离得太近，太容易受随机价格波动的影响和干扰，太容易被现象牵着鼻子走，所以不挣钱。同样的道理，每天每时每刻发生的大量的与所投资的公司有关的即时信息多如牛毛，这些信息呈现在作为长期投资人眼前，就相当于一个分时图，过分关注，或沉溺于其中，就会被随机信息和短期事件所干扰，就会被围绕着企业发生的瞬间现象所迷惑，失去方向。每天都会有众多的消息事件发生，因为企业的经营是处于一个大的社会关系网中，在产、供、销等各个环节都与整个社会经济有着广泛深入的联系，企业只要经营就会产生大量的消息和事件，有的可能好，有的可能坏，不论好还是坏，都是企业正常经营的表现，只有在企业停产停业的情况下，这些消息才不会发生，所以小事和细节是不需要关心的。

我们长期持有的葡萄酒龙头企业张裕，由于是强势消费品企业，媒体围绕着它的消息特别多，有时传出了张裕与外资合作，有时又传出合作失败双方分手，有时又传出张裕与另一家外资企业成功合资的消息，这些事件不断发生。但无论中止合资还是重新合资，只不过是企业正常经营的表现和反映，不需要我们过分关注。这是管理层的事，投资人和管理层分工、角色不一样，不要互相越位！

第二，我们买入并持有一只股票的决策依据是本质性竞争优势，绝不是某天发生的好消息；我们卖出一只股票的决策依据是企业失去了本质性竞争优势，而不是随机发生的某个坏消息。对于长期投资者，从始到终都是依据一个或某几个企业所具有的本质性要素所决定的，这些本质性竞争要素具有持久的、稳定的和不易改变的特性。某个日常消息是易逝的，是表面的，大部分情况这些消息与本质性要素无关。个别情况下某个事件与本质性要素有少许联系，但世界上因为一个具体事件就改变了事物的本质发展方向的事极少。在持有股票的过程中，你就盯死这些本质要素，不管其他的，回归本质，不要为随机消息所困扰。只关注内在价值，把决策依据本质化，使决策条件变简单，这样就可以遇事不乱。某些时候某个与企业有关的事件表面上看似影响巨大，且在媒体的夸大宣传下，让人不寒而栗，难以冷静。在这种情况下，你需要做的是看一下它与本质性要素有没有关系，关系度多大？会不会影响企业本质发展方向？只要把这个问题思考清楚就可以了，看似可怕的事件最终会随时间流逝而自己消失！

巴菲特有一句名言：“如果你不是要持有10年，那么你最好一秒钟也不要持有这只股票。”巴菲特在买股票的时候，能知道10年内会发生什么具体事情吗？巴菲特能知道10年内财务指标和每股收益会有什么异常变化吗？他是不可能知道的。在不可能知道的情况下，为什么他敢于持有10年以上？这是因为巴菲特知道企业内在所包含的本质性因素，能够决定企业未来10年的整体发展趋势是向上的。而在10年之内的具体过程、具体事情、具体情况巴菲特是不考虑的，这正是巴菲特的高明之处和成功的原因。

第三，持股过程中不可能一帆风顺，在某个时点上企业处于困难阶段，股价出现了下跌和回落的情况，这时我们要容忍、接受。我们不能要求所投资的企业必须始终处于成长和飞速发展期，不能有一刻处于调整和低潮。即便是在我们确知它最终将消化这个低潮，度过这个难关迎来大的发展，我们也不能容忍它有暂时的低潮，要求它从始到终都要表现优异，就像一场马拉松比赛，不仅要最后夺冠，而且中间要领先、时时要领先，这是不客观的，也是不恰当的。

企业的经营不可避免地要遭到各种事件的影响和干扰，直线式的单边上涨永远不会发生。大量常常出现的情况是你刚一买入它就下跌，在某一时间段你所看好的股票跑不赢大势，这种情况太普遍了。巴菲特、索罗斯这些投资大师都出现过跑不赢大势的时候。巴菲特每年的平均收益率只有24%。2000年美国网络股牛市中，如果某个基金当年的盈利小于100%的话，这个基金就是不成功的。在这种市场背景下，巴菲特以区区24%的收益理所当然的成了笑柄。不过一年之后，1000多只基金破产，笑到最后的还是巴菲特。所以当企业暂时处于困境时，我们要容忍，要有耐心。

长期投资者应该远离市场

以上我们讨论了长期投资人不要在乎发生在企业身上的一些小事，事实上，小事不仅来自于企业自身，更麻烦的小事是来自于市场交易过程中出现的价格变化。这类小事的干扰性更强，我们更要回避。在这里我们会向大家介绍对于发生在市场里的小事怎样进行回避。

长期以来我们一直有个愿望，希望中国股市的交易时间能由每周 5 天改为每周 1 天，之所以有这样的愿望，是因为我们被交易过程中出现的各种各样的价格变化干扰和影响得太大，浪费了我们很多宝贵的精力。

市场中交易价格的变化对投资人的干扰和影响是不以人的意志为转移的，我们只要身处市场中，就不能摆脱交易价格变化对投资决策的不利影响，因为心理不能摆脱环境变化的影响。人的心理是一种天性，完全克服是谁也做不到的。一个射箭高手即使在臂膀上放上一杯茶水，仍旧百发百中，当把这个射箭高手带到悬崖边的时候，射出的箭离靶心十万八千里；当把射箭高手的眼睛蒙上，再把他带到悬崖边且不让他知道时，射箭高手又是百发百中。

巴菲特针对市场变化对投资者的不利影响说：“在股市上下波动时会使投资者有各种各样的想法，这会妨碍我们做出正确的选择。一个投资者必须既具备良好的公司分析能力，同时又必须把他的思想和行为同在市场中肆虐的极易传染的情绪隔绝开来，才有可能取得成功。”巴菲特之所以这样说，因为他本身也是人，他也怕自己控制不了心态，所以彻底来个硬隔离。巴菲特的成功不是说他心理承受力超越了旁人，不受市场变化的影响，而是他认识到人不能克服具体事情对心理的干扰。他搬到乡村，办公室里不要电脑，把市场变化和自己隔离开，这是巴菲特的真正高明之处。投资大众最好也想尽办法给自己来个硬隔离。

无论任何人，当他感受到了实际的风险，或者是想象到了一种不存在的风险时，他的技能和行为都将出现错乱。因此，我们不要试图把自己修炼成一个在市场变化面前面不改色、心不跳的人，实际上任何人只要他是人，就做不到这一点。正确的做法是远离市场，对市场不闻不问、不听不看，把自己和市场完全隔离开。

在持股的过程中，股价不可避免地发生波动，这些波动给投资人带来压力。压力的大小和你对这种短期波动的在意程度成正比，你对它越在意，它对你形成的心理压力越大，就越有可能破坏你的持股。你不把它当回事，它就不会给你带来压力。正确的做法是，在你持股的时候不要管它为什么会波动，不要寻找它波动的原因，这样股价就会随着时间的推移自动向你所希望的方向发展。你完全不管这些变化，它就不会给你任何压力。

市场交易只不过是给长线战略投资提供了一个变现的场所，即使没有这样一个场所，长线战略投资者的股票也不存在变现问题。有没有证券交易所无所谓，只要企业物有所值，长线投资者不需要关心市场，而应该远离市场。

有时候在市场中常有很多热点股出现，投资人常会被热点所吸引，放弃了进一步的持有，然后转战到新的热点中，其结果不外乎两种：

一是在热点中获得成功赚到了钱，这种情况下你就会喜欢追热点，厌恶长期持股。这样的长期结果是，你将成为碌碌无为的大多数人中的一员，因为人类的投资已经证明，追热点从来没有产生过一个成功者，而所有的大的成功者和大的赢家几乎无一例外，全部是长期投资者，长期专注于几只股票。

二是你追的热点失败了，这种情况就不用多说。

因此，长线投资要固守自己的股票，远离市场，远离热点。

熊市中买入才有好的回报

忽略买入价格，仅仅把企业质地作为依据，并不客观。好的企业必须在好的价格的前提下才能获得好的回报，没有好的价格不仅不会有好的回报，甚至于有时会迎来重大亏损。2008 年 3 月，中国平安有个股东大会，我当时在现场。有个妇女含泪问中国平安董事长马明哲说："马先生，我是用全家的资产买的全中国最好的保险公司，我当时买时 140 元，现在已经 60 元了，怎么办呢?"当时管理层也很无奈。这个投资者买的是好公司吗? 应该是。那么她错在哪里呢? 就是她不看价格。很多投资人说我买的是好公司啊，好公司就能解决一切。话是这么说，但是你如果不看价格，可能会有重大的投资损失。

单独地不问价格只买好公司不是投资的灵魂，价值投资的灵魂是把企业评估出来的价格与市场目前给出的价格进行比较，如果比较的结果是市场给出的价格足够地低于评估出来的企业价格，那么买入并持有；比较的结果是市场给出的价格高于或者等于评估出来的价格，就卖出或不买。所以价值投资的灵魂是把现在的市场价格与评估出来的企业价格进行比较，寻找买入那些低估的公司，而不是单一地买好公司。

好的公司在价格过高时，不一定是好的投资目标。如果价格已经充分反映了好公司的成长能力甚至于大幅超越了企业的成长能力，这时买入好的公司其实是在买入风险。比如：中国石油作为亚洲最盈利的公司，如果你在48元买入，那么你买入的是风险，虽然这个企业本身很盈利。价值投资的灵魂用简单的话来描述就一句话，“就是买便宜的公司”。在这里，便宜的标准是当前的价格与企业的价值相比得出的差值，当前的价格比企业的价值低就是便宜。价值投资者一只眼睛盯着上市公司，寻找好公司，另一只眼睛盯着市场中的股价，然后把估值和股价进行比较，买便宜的。

在巴菲特的投资实践中，他也表示过买入成长股质地是很重要的，时机相对来说很难把握。但是要想获得真正的投资回报，绝对不能在严重高估的状态下买入成长股，否则会迎来失败。至少要在买的时候这个成长股并不高估，当然低估是最好的。投资人不可以不看价格，只重视企业质地，那样不是理性的投资。进一步地讲，在什么情况下成长股的股价不会高估，甚至于会低估：在一轮牛市中，到处迷漫着乐观的气氛，大部分的成长股都会或多或少的高估，甚至于会恶性高估，因此不要在牛市中买入成长股，也不要在利多不断的情况中买入成长股，也不要在成长股成为“大众情人”时买入。要在熊市中买入，要在人人都不想买的时候买入，要在利空不断的背景下买入，要在企业倒霉时买入，要在企业处于危机时买入。

长期投资者的卖出原则

首先长期投资者在持股过程中不要轻易的高抛低吸。有时，在长期投资者持股的过程中，有人会说：“与其死拿，不如高抛低吸挣得多。”但问题是我们凭什么可以确知自己能在高点卖出，同时能在低点买入，有什么样的能力能确保我们能做到这一点呢？如果发生了我们在高点卖出在低点买不回来的情况怎么办呢？我们即使可以在高点卖出低点买入，那要投入多大的精力呢？这种投入产出比合适吗？对于价值投资者，这并不是个别的问题，是具有典型代表性的普遍问题。

我们在投资过程中也遇到这样的问题，一年时间里你持有的股票涨了3倍，这一定是让你非常高兴的事，但这样的情况摆在我们的客户面前却让客户非常不安。我们所投资的张裕在2006年的1月到12月，一年中股价涨了3倍，而一系列的明确的证据显示：张裕公司在市场占有率、收入和利润的增长没有实现3倍的增长。也就是张裕的内在价值并没有发生和股价一致的涨幅。2006年初的张裕公司和2006年末的张裕公司大体上是一样的，但股价却疯狂地涨了3倍。这使得一个非常重要的问题摆在客户面前，该怎么看待这种短期内股价的涨幅超越基本面的情况，我们应不应该高抛低吸？是完全的置之不理，还是阶段性地撤出这只股票？

我们给客户的建议是不需要采取高抛低吸，视而不见的态度是最正确的。理由如下：

其一，我们不能够准确地判断出企业短期内的经营状况和股价变化，股价和世界上任何事物一样，短期状态和变化是难以判断的。来自于任何人的对短期内变化的判断都可能错多对少，更重要的是，你不能确信你对现在这个事情的判断依据是充分的。也就是说，你所掌握的资料和信息未必是完善的，你做出任何一种判断的时候，都是基于不完善，不完全的信息做出的。假使你想尽一切办法收集信息，掌握到了全面的基本面信息，也许你正在用所掌握的资料进行判断的时候，公司内部已经又发生了某种新的变化。因此，短期内是否高估难以预测，只有中长期变化趋势和变化规律可以认识，所以就不要被这个现象所引诱。总的原则就是一句话，你不太可能准确地判断现在是不是高点，谁也没法判断这个问题。

其二，真正可以判断的以及你真正应该考虑的是，现在的股价与10年之后的基本面相比是高还是低，而不是现在的股价与现在的基本面相比是否高估。作为长期投资者，每买入一只股票的时候，都是基于长期的理由，以长期持有作为手段。当你持有的股票在某个时间点上股价快速地增长、超过你的想象的时候，此时应该做的是把现在的股价与10年之后基本面进行比较。比如：张裕，我们买入张裕的理由是，在中国收入增长、消费升级不可阻挡的大趋势下，葡萄酒至少可以维持10年以上的快速成长，张裕作为这个快速成长的龙头企业必定会成长，因此我们买入。现在张裕的股价虽然高达50多元，市盈率高达60倍，但按照张裕公司10年内平均成长率20%（这是有充分证据的结论，并不是个主观想象）来推断，10年之后，即使考虑到海外传统葡萄酒强国随着国内市场开放大量进入，张裕的销售规模和利润将是现在十几倍，现在的股价和10年后企业的状况比明显低估，因此卖出是错误的，正确的就是持有。我们真正能认识和把握的是长期趋势。我们真正把握的是10年之后股价会涨到多少，这与大家的常识相反，人们总认为次日的价格是可以把握的，短期的变化要比长期的变化容易把握，事实并不是这样的。

把现在的股价和10年之后的股价做个比较，我们的心就会豁然开朗，归于平和。即便是现在的价格很高，有可能要回落，但是只要我们确认，现在的价格比10年之后要低，那我们就不要管。在你不采取卖出时，被高估的股票有时也会快速地掉下来，甚至跌幅非常的大。

当股价因短期高估掉下来的时候，就会有人说，还是应该当时卖掉为好吧，看看没有卖出，把到手的利润也丢掉了吧！表面上是这样，但实质上你卖出后有可能永远与这只股票分手。美国最著名的价值投资大师和最成功的基金经理彼得·林奇曾经这样说过："如果尝试避开下跌，那么很可能会错失下次上涨的机会，这就是试图预测价格的最大风险。以美国股市为例，如果在过去 25 年的时间中一直坚守岗位，则投资的年平均报酬率超过 11%；如果喜欢进进出出，又不幸刚好错过这当中表现最好的 40 个月，年平均报酬率就会跌至 1%。股市反弹往往在最出乎人意料的时候，只有长期投资才能避免风险。"林奇的话大家是不应该不思考和不牢记的。

价值和价格不可能始终保持一致，有时可能大幅度偏离价值，这种情况是经常发生的，对于长期投资者关注的是长期的价值，短期的高估不必要采取卖出行为。我们长期投资就是投的企业的长期成长，我们目光盯死的是长期的成长，不受瞬间的、短期高估干扰。

如果我们在长期投资的过程中不做高抛低吸，是否是说我们永远就不卖出呢？显然不是，长期投资也要卖出，长期投资的卖出原则和条件是什么？总结长期投资实践经验，我们认为长期投资的卖出原则有如下几点：

第一，看的清楚企业未来，并通过比较发现目前的股价与未来 10 年相比没有高估，此时坚决不卖。

第二，看不清楚企业的未来，无法拿现在的股价与企业未来 10 年进行比较，也得不出清楚明确地比较结果，这时坚决走人。

第三，经过充分地比较，发现目前的股价已经超越了长期的 10 年之后的未来价值，出现了过度高估，此时坚持走人。

第四，企业因为某种原因或者某个重大事件的影响，失去了长期成长性，产业成长终结，立即走人。

下面我们先向大家介绍巴菲特买卖中石油的真实事例，然后通过对这个事例的分析来剖析长期投资持有和卖出的原则。

巴菲特于2003年末以1.6元的价格大量地买入中石油。当巴菲特的持仓量占到中石油H股总流通股的13%时，也许是由于巴菲特的介入带来了明显效应，也许是中石油的基本面发生了变化，中石油的股价立即一飞冲天，到2004年，中石油的股价突破4元。这使得巴菲特在短短的若干个月产生了10亿美元的利润，对此巴菲特做了如下表示："没有预期和想到中石油在短期内有如此大的涨幅。"他对此完全没有预期到，而且认为来得太快了。也许是基于巴菲特的表态，也许是别的原因，市场上立即传出巴菲特因获利过多，已全力抛出中石油股份的消息。2004年有媒体"证据确凿"地发现：巴菲特已经大幅减持中石油，持股量由23亿股降到6590万股！很多分析人士也认为，巴菲特根据某个时间段的阶段性高估做中短线的可能性极大，并且对此大加推崇，认为这是必要的。

然而事实果真如此吗？一个非常愿意较真儿的长线投资者用充分的事实证明，巴菲特根本没有卖出中石油。以下是这位投资者的求证过程：

根据香港证券及期货条例，任何持一家公司股份比例超过5%的股东，其持股量变化超过整数百分点位时（比如从13.01%减持到12.99%或增持到14.1%等），必须在3个工作日内通知香港联合交易所，否则就违反了香港的法规。巴菲特到底有没有减持中石油，只需核对香港联合交易所网站的信息披露资料就一目了然。

从香港联合交易所网站上公布的资料来看，巴菲特第一次申报中石油是在2003年4月1日，持股量大约11亿股，占中石油H股总数

175.8 亿股的6.31%。这部分股票实际上是从2002 年开始慢慢累积的，由于2003 年4 月1 日之前的原证券条例规定超过10%才需要申报，所以巴菲特当时不需要申报。2003 年4 月1 日后，巴菲特发现自己悄悄购买中石油的计划即将曝光，所以加快了收集步伐，数个交易日内在1.7 港元以下新买入了7%左右的股票，使持股比例上升到中石油H 股总数175.8 亿股的13.35%。其后，巴菲特增持中石油的消息被广泛报道，股价迅速上升，巴菲特就停止了增持行动。而到目前（2004 年11 月）为止，香港联合交易所网站上没有任何巴菲特减持的记录。综合判断，巴菲特在中石油上持股变动只有两种可能：要么巴菲特根本没有减持中石油，要么巴菲特违反了香港法规。笔者同时还查阅了伯克希尔·哈撒韦向美国证监会申报的第一季度有关报表，也没有发现哈撒韦申报减持中石油的蛛丝马迹。

结论是巴菲特根本没有在2004 年卖出其所持有的中石油。

查阅中石油，2003、2004、2005 年年报的股东持股结果，充分的事实证明，巴菲特到2006 年末仍旧没有卖出中石油，此时中石油的股价是11 元，比巴菲特的买入价整整高出了7 倍。

表4－1、4－2、4－3 和4－4 是中石油2003 年、2004 年、2005 年年报，以及2006 年中报中提供的股东持股情况，我们将其原图剪切出来，大家可以清楚地看到巴菲特几年来的持股情况：

表 4－1　港股中石油 2003 年年报显示股东持股情况表

主要股东持股情况

于 2003 年 12 月 31 日。根据《证券及期货条例》（即香港法律第 571 章）第 336 条所规定须存置之股份权益及淡仓登记册所示，下表及附注所列之人士拥有本公司股份的权益或淡仓：

股东名称	股份类别	股份数目	占类别发行股本的比例（%）	占总股本的比例（%）
中油集团	国家股	158241758000	100.00	90.00
BP Amoco plc	H 股	3516484000	20.00	2.00
Warren E. Buffett	H 股	2347761000	13.35	1.335

表 4－2　港股中石油 2004 年年报显示股东持股情况表

主要股东持股情况

于 2004 年 12 月 31 日，根据《证券及期货条例》（即香港法律第 571 章）第 336 条所规定本公司须存置之股份权益及淡仓登记册所示，下表及附注所列之人士拥有本公司股份的权益或淡仓：

股东名称	股份类别	股份数目	占类别发行股本的比例（%）	占总股本的比例（%）
中油集团	国家股	158241758000	100.00	90.00
Warren E. Buffett（1）	H 股	2347761000	13.35	1.335
Credit Suisse Group(2)	H 股	2774536979（3）	25.78	1.578

表 4-3 港股中石油 2005 年年报显示股东持股情况表

主要股东持股情况

于 2005 年 12 月 31 日，根据《证券及期货条例》（即香港法律第 571 章）第 336 条所规定本公司须存置之股份权益及淡仓登记册所示，下表及附注所列之人士拥有本公司股份的权益或淡仓：

股东名称	股份类别	股份数目	占类别发行股本的比例（%）	占总股本的比例（%）
中油集团	国家股	157922077818	100.00	88.21
Warren E. Buffett（1）	H 股	2347761000	11.13	1.311
J. P. Morgan Chase% Co.（2）	H 股	1056732597（L） 641726602（P）（3）	5.01（L） 3.04（P）	0.590 0.358

表 4-4 港股中石油 2006 年中报显示股东持股情况表

主要股东持股情况

于 2006 年 6 月 30 日，根据《证券及期货条例》（即香港法律第 571 章）第 336 条所规定本公司须存置之股份权益及淡仓登记册所示，下表及附注所列之人士拥有本公司股份的权益或淡仓：

股东名称	股份类别	股份数目	占同一类别发行股本的比例（%）	占总股本的比例（%）
中油集团	国家股	157922077818	100.00	88.21
Warren E. Buffett（1）	H 股	2347761000	11.13	1.311
J. P. Morgan Chase&Co.（2）	H 股	1266853762（L） 825934402（P）（3）	6.00（L） 3.91（P）	0.708 0.461
Templeton Asset Management Limited	H 股	1085834903（L）	5.15（L）	0.607

上面4张表中的Warren E. Buffett就是巴菲特，表4－5是他对中石油的持股情况：

表4－5 巴菲特从2003年到2006年中期持有中石油港股的情况表

年 份	股 数
2003	23.4776亿股
2004	23.4776亿股
2005	23.4776亿股
2006年（中期）	23.4776亿股

在3年多的时间里，10亿美元成了80亿美元。这几年中，你可以看到，巴菲特坚定地持股，像植物人一样，对价格变化没有任何反应。而此时，某些媒体、专家却坐立不安，如履薄冰，他们不断地猜测和宣布巴菲特将要卖出中石油，人们试图猜测巴菲特的意图以便高抛低吸挣到大钱。此时亿万富翁巴菲特却无为而治，他正在为《更温柔地爱我》这首老歌填写新词，以便能为朋友比尔·盖茨的生日聚会助兴。

斗转星移，进入2007年。随着全球股市走牛，石油价格上涨，中石油股价持续上涨到2007年下半年，中石油的H股价格突破了12元，一个月后，股价又快速突破20元。与此同时，中石油在上交所上市，首日开盘价就创出了48元天价，此时几乎所有的市场分析都对中石油的未来充满信心和渴望，人们称中石油为“亚洲最挣钱的公司”。而就是这时，巴菲特却不断地减持中石油，2007年10月18日，巴菲特公开对外宣称，基于股票价格考虑，他已经将所持中石油23.4亿股H股全部卖出。不过，中石油H股股价自巴菲特首次减持始累计升幅超过50%，媒体因此认为巴菲特损失了100多亿。国内一些媒体据此声称巴菲特不完全了解中国，断言巴菲特对中石油的投资不是完美投资，甚至卖出是错误的。

2007年底，巴菲特来到中国，并接受了央视《经济半小时》专访，解释了自己的卖出行为。巴菲特在电视专访中说："中石油的业绩和经营极端依赖于国际油价，当国际油价在35美元的时候，我强烈地看好国际油价的未来，因此也自然强烈地看好中石油，我们对油价和中石油都充满了信心，因此我们坚定的持有中石油。当2007年后半年年，油价突破了75美元的时候，我们不能说油价就要跌，但是，对于油价的未来我已经没有在35美元的时候那么强烈的信心，我对油价的未来总体的把握不大了，持股信心不太强了，所以卖出了。"

巴菲特卖出中石油其核心理由是，决定中石油业绩的石油价格处于他没有把握、看不清楚、没有信心的价位，从而使得他在这种情况下全部清仓中石油。巴菲特道出一个价值投资的核心理念，不管这个公司未来是好还是坏，如果你没有自己的充分把握，从而没有足够的持股信心，即便别人都非常的看好这个公司的市场，那么你也应该放弃，哪怕你放弃以后股价再涨10倍都没有错。因为，当你看不清楚、没有信心的时候，这时持有就不是理性了。巴菲特买卖中石油的真实案例证明：由于价格上涨使你不明白、不能理解的时候卖出是天经地义的，是长期投资核心理念的内在本质要求。

如果企业的价格在你持有的过程中，太过非理性的高涨时，也应该离场。下面通过我们卖出中国平安的真实案例，再次阐述在股价过度高估时必须卖出。2007年初中国平安在A股上市以来，我们就做了战略布局，在30~40元以相对大的比例持有中国平安。持有一段时间后，有了不错的回报。当2007年10月中国平安股价突破了140元之后，我们在140元时经过连续几个昼夜的思考和挣扎，决定卖出这个公司。虽然很不舍得，但当时我们认为那个价格是完全没有任何道理的，是不正确的，是严重错误的。中国平安在2007年不值140元，虽然我们在买的时候决定长期持有，至少10年，但是半路所以改变是因为它价格太过高估了，它本身不值那么多钱，但市场某种原因使它到了140元，所以我们就把它卖掉了。长线投资也是根据价值和价格的关系做取舍的，在过度高估的时候应该卖出。当然也不能说某一只股票发生了大幅上涨就一定要卖出，但是如果股票的大幅上涨的确是反映了未来非常长久的增长，那么在这种情况下卖出才是价值投资者应该做的，不卖出是一种不理性的做法。判断价格是否充分反映了未来10年的成长，这本身很难，但从原则上，过度高估后必须要卖出！

以下是我们发表于2007年10月的一篇《减持平安，我心不安》的文章，大家可以参考阅读，进一步理解过度高估后必须要卖出的原则！

减持平安，我心不安

平安的收益中有一部分是保费中直接提取的收入，另一部分用预收保费直接投资的收入，最近一两年来随着投资收益的大幅增长，带动了业绩的大幅增长，从而推升了股价的大幅增长。投资收益的增长是由于中国股市的整体性上涨造成的，这个增长是依赖于股市火爆，股市火爆这个增长条件不是经常性的，不是持久永远的。如果平安保险继续保持近两年的增长速度，客观必然的要求股市继续火爆，但是股市火爆不火爆谁又能知道呢？因此，平安保险未来业绩增收的环境因素存在着不确定性，平安的业绩大幅增长存在着非经常性因素。

关于平安的投资收益能否长期保持这个问题，我们和平安的证券事务代表周先生沟通。我们问周先生平安保险在2006、2007年的业绩突增中投资收益的作用有多大，周认为投资收益虽然并不是业绩突增唯一的原因，但是投资收益是主要的原因之一。我们询问从长期来看，这个投资收益大幅提升会不会长期维持，周认为从长期来看，投资收益一方面是稳定为主，另一方面投资收益的增长是一种平滑的增长，突变式大幅增长从长期来看不能维持，这是肯定的。平安保险公司自己给自己设置的投资收益为4.7%，公司将4.7%作为长期投资回报率，而事实上2006年和2007年上半年的投资收益为9%，是目标收益率的2倍。

平安的投资比例中固定利息的债券投资占其投资份额的80%，而股票和基金的投资占其总资金的20%。虽然股票和基金的投资比例只能20%，但它波动幅度大，投资利润贡献率大，所以当股市发生突涨突跌时对平安总的收益影响非常大。

一个公司的业绩增长，如果它不是基于一种长期的、稳定的、确定的因素和条件，那么这种业绩增长就不应该大幅的推高股价。只有长期稳定持续的业绩增长，股价上涨才是符合基本价值理念的。

有很多观点认为维持平安保险投资收益大幅增长的环境将长期持续，平安保险作为中国最好的投资控股集团，良好的内部管理加上持续良好的外部环境，其增长确定性毫无疑问。对此我们的看法是，平安的内部管理优势我们是百分之百认同的，但是认为环境将持续地维持2006、2007年的态势，我们不敢说这是不正确的，因为我们没有能力判断这个问题，对于平安的外部投资环境到底会怎么样，这个问题使我们非常烦恼，我们看不清楚而且自己心里对平安的投资环境又非常焦虑，加之价格大幅快速地上涨，所以我们减持了平安，从重仓持有改为常态持有。我们之所以减持，是因为平安的未来投资环境我们没有办法准确地判断，同时我们认为平安140元的股价过度高估。

平安是我们非常看好的长期大牛股，从战略性投资和持有平安也是我们一个长期指导原则，现在我们策略性减持平安，心里也是非常的不自然。我们不能在自己看不清楚的情况下执行某种形式化的东西，另一方面又在不愿卖出的情况下卖出。投资是一门艺术，虽然投资的原理极其简单，但在现实情况面前选择确实很难。

总结长期投资的卖出原则，其核心是把现在的股价和未来10年之后比较，过度高估就卖，否则就不动；在看不清时坚持卖，当然企业基本面出现重大停滞失去产业成长性时也应该卖。

长期投资人要有企业家心态

长期投资人不仅要远离市场变化，还要避免高抛低吸。长期投资人更重要的是要有企业家心态，要忽略公司经营过程中的各种小事。

作为长期投资者，因为看好某一个行业或公司，所以买入公司的股票然后长期持有，等待公司的发展。从本质上看，长期投资者的这种做法实际是一个间接的产业投资者或隐性企业家。这种间接的产业投资者除不参与公司的具体经营外，长期投资与实际的产业投资者和产业经营者，本质上无差别。长期投资者与股市上的投机者和靠交易挣钱的交易者差别非常大，表面上看，长期投资者与投机者都是股票市场的参与者，但实质上二者的差别是天壤之别，可以说几乎完全没有相似之处。长期投资者是隐性企业者，与企业家一样，市场投机者则与职业赌徒更相近（我们无意诋毁投机者，这里没有任何恶意）；企业家靠智慧和毅力，而赌徒完全靠运气，投机者的成败虽然不完全靠运气，但运气是最关键因素。

以下是巴菲特对这一问题的阐述：“我挑选的是一家保险公司或一家纸业公司，我会让自己沉浸于想象之中：如果我刚刚继承了这家公司，而且它将是我们家庭永远持有的唯一财产，那么，我将如何管理这家公司？我应该考虑哪些因素的影响？我需要担心什么？谁是我的竞争对手？谁是我的客户？我将走出办公室与客户谈话。我从这些谈话中会发现，我这家企业与其他企业相比，具有什么样的优势与劣势？如果你进行了这样的分析，你可能会比管理层更深刻地了解这家公司。”在巴菲特看来，买一家公司的股票和收购这家公司完全一样。

投资者认识到这一点，应该在以下两方面培养自己：

首先，把与投机有关的想法彻底斩断，你一定要时刻给自己的思想打扫卫生，把投机的想法、投机的做法清扫干净。在你的日常生活你要对与投机有关的一切事情不听、不看、不闻、不问、不参与，不允许有一点与投机相关联。巴菲特对这一点认识得非常深刻，而且时时在小事上约束自己不参与投机。有一次巴菲特和几位朋友在高尔夫球场度周末，他的老朋友保险公司老板杰克·伯恩提议进行一个游戏。每人向他交纳10美元的保险费，作为交换条件，伯恩承诺在他们打球期间，如果谁“一杆进洞”，他将支付10000美元的保险金。大家都高兴地接受了这一赌局，毕竟只是10美元。唯有巴菲特例外，他认为与极其渺茫的成功率相比，这笔保费太高了，相当是赌博。朋友不理解巴菲特为什么如此吝啬，巴菲特对朋友说：“假如你们认为在小事上可以没有准则，或许在大事上也会没有准则。”

另一方面，你要对企业家感兴趣，你要多看、多听、多学企业家方面的知识理论技能。你要在日常生活中想一想，企业家会关心什么？思考什么？想好你就去关心这些企业家关心的问题，思考企业家思考的问题。从心态、知识、理论、行为方式上，你时时刻刻按企业家的标准要求自己，逐渐让自己从内到外转变成一个企业家。

当公司召开股东大会时，你要提醒自己你是这个公司的隐性董事长，你不能不参加大会。你日常要与公司产品的用户、经销商在可能的情况下建立关系，交上朋友；然后你不断地隔三差五与公司的用户和经销商交流、聊天，以便了解用户对公司产品的感受和评价，了解经销商对公司的评价，因为你是公司的董事长和企业家，不了解这些你就算不上企业家。你还要通过与用户和经销商的沟通对公司的竞争对手全面了解，在可能的情况下，你非常有必要去竞争对手的公司进行考察，如果你发现竞争对手比自己所投资的公司明显要好，且对方也是上市公司，你可以买入竞争对手的股票，这相当于你对整个行业投资。

在你投资的过程中，无论在买入、卖出、持有的各个决策过程中，你的决策依据和决策过程都按企业家的标准来决定。你买的时候，哪怕只买一股，你也要把它当成你一个人买下了这家公司来对待，你在这种背景下来思考该不该买。卖的时候也一样。当你真正地建立了企业家的心态之后，长期投资过程中的一切问题、困难、障碍都迎刃而解，如何选股的问题就得到了解决。企业家如何选项目，你就如何选股，持股不坚决时你就想想企业家的长期甚至终生经营。形成企业家心态是长期投资的基本功和核心能力。

当你真的用企业家的心态思考时，产品竞争优势、公司的治理结构、公司核心竞争力变成了你关心思考的一切和全部，而股票涨跌，现在是牛市还是熊市你自然就不关心了。

用企业家选项目的方法、理念、眼光选股票，一方面可以选到有价值的股票，而且选股、投资的时候常常会与企业家不期而遇。我们看好消费产业，尤其是品牌类消费产业。我们买入了承德露露，此时传奇人物鲁冠球父子控股公司“万向三农”集团刚刚完成对承德露露的控股收购。一生历经风雨多次起伏、最后取得商业成功的鲁冠球先生控股承德露露，恐怕不是为了在二级市场得到点什么，是为了产业优化，为了完善自己的产业帝国，他看好的是承德露露的产业价值和产业优势。

我们与鲁冠球的再次相遇，更令人叫绝。我们基于中国是农业大国，人多地少，土地严重缺钾，对钾肥的需求巨大，且中国钾肥的存储量稀缺，钾肥供不应求，于是我们大量买入了盐湖钾肥。在买前调研时又遇到老朋友鲁冠球，此时鲁先生正在新疆鄯善地区投资近100亿元兴建一座现代化钾肥加工厂。看到鲁先生的投资，我们对他何以敢在钾肥产业投下100亿资金一点都不觉得奇怪，我们非常理解鲁先生的决定。一方面，鲁冠球作为中国最好的企业家，他对产业兴衰的理解是非常强的；另一方面，我们买入盐湖钾肥与鲁冠球的投资理由完全一样。

我们与鲁先生都投资的承德露露和钾肥行业都取得了较好回报，都较成功，这里边的原因恐怕已经很明显了。你用企业家用实业投资的理念选择股票，大部分情况都会成功！

如何克服投资的死敌——拿不住

在和广大投资者接触的过程中，我们不止一次听到来自客户和投资者的说法：“我知道那是一只好股票，就是拿不住。”更有的投资者说：“几乎所有翻倍的股票都曾经买过，就是涨一点就卖了。”这个问题实际上是长期投资者面临的真正困难，是长期投资者真正的挑战，也是关系长期投资者成败的硬功夫。

我们从不同的角度来帮助大家解决这个问题。首先，我们来解决一个观念问题：频繁的交易真的能带来利润吗？有很多投资者认为高点卖出、低点买入可以挣得比长期持有更多。实际的理论研究和美国股市的实践证明，这是个完全错误的想法。频繁交易并试图通过交易获利的投资者，从来没有超越过长期持有者，也从来没有跑赢大盘，这是一个铁的事实。靠交易挣钱的投资基金，无法长久打败大盘指数。这个结论是美国众多基金管理师经验的总结，也是金融领域几十年实证研究的一致结论。

美国的共同基金数已超过 1 万个（而上市的股票数约 8000 只左右），1 万多共同基金中只有 2073 家已存在 10 年以上。这 2073 家基金选股风格各不相同，但有一点是共同的，就是这些成千上万的基金管理员都想赚钱，谁都想超过别人，都想靠交易打败大盘指数。但实际怎样呢？

2073 家基金过去 10 年的统计情况如下：这些共同基金的平均年回报率为 9.85%，而同期美国所有上市公司加权指数的平均年回报率为 18.26%；请特别注意：这 2073 家基金是至少“活下 10 年”1 万个基金中的最好的，即使是这些业绩较好的基金，它们靠交易频繁操作的回报率还是不如大盘！

美国有一篇题为《男女有别：性别、自信与股市投资业绩之关系》的文章。文中对美国 35000 个股民从 1991 年至 1997 年间的股票交易做详细研究发现，男士的平均换手率每月为 6.11%，而女士的为 4.41%。因此，男士投资者比女士的股票交易频率差不多快 50%，男士投资者的回报率平均比市场大盘指数落后 2.54%，而女士平均每年比大盘落后 1.84%。由此可见，尽管男士比女士更愿意交易，更愿意冒险，进出更频繁，但业绩却更差！也就是说频繁交易的结果是使收益更差了！而不是更好！

大多数人愿意交易，原因是认为“我自己远比一般人要强”！这种过于自信的态度是频繁交易的个人和基金超不过大盘的原因之一。但是在逻辑上，怎么可能多数人的能力都比一般人强呢？自以为聪明，自以为能力过人的频繁操作，实际上是看不清市场本质的表现，市场中有数以万计的聪明的大脑都和你一样，在试图变得比大家更聪明，这数以万计的都在想超越其他人的投资者，他们的行为最终导致的结果是股价变成了短期内不可预测和不可预期的局面。因此，对短期趋势和股价的判断是永远不可能正确的，以永远不可能正确的判断进行操作是肯定要赔多挣少的。减少操作次数本身就可以避免不必要的失误和风险，也就是说，你只要简单的把交易次数减少，你就可以在其他能力不提升的情况下，投资收效水平有所提高。如果你不相信交易会降低收益的话，那么你就继续做波段交易，让账户资金的不断减少来帮助你深刻地体会这个真理吧！

第二，你必须要意识到你为什么要买这只股票，你是想通过这只股票实现什么目的。投资者可能会说，这还用说吗？当然是为挣钱。我们的回答是：作为长期投资者，买入股票还有一个更主要的原因和目的，你想通过持有这只股票成为这家企业的合伙人，在你看来这个企业就是你的企业（无论你买多少股），你拥有这个企业股票的目的是，希望通过这家企业实现你人生的价值和理想，成就你一生的事业。这样一个目标即是你选择股票的标准，同时也是你持股信心的来源，它必然的决定了你将和这个企业同生死、共存亡。这个企业就是你的一切，就是你的人生得失成败的关键。在这种情况下，你怎么可能轻易地盈利一点就卖出自己持有的股票呢？人生的成功、理想的实践难道是一个10%、20%的涨幅可以达成的吗？如果不是几倍、十几倍的成长，那叫人生的成功吗？投资人只要这么想，这么做，自然就不会被小利所迷惑。我们的市场上有几个人这么考虑过？几乎所有的人都像一个小商小贩似的，倒来倒去，买来买去，谁曾经看见过一个小商贩，一个小“倒爷”挣过大钱。遗憾的是市场上几乎100%的人都是小商贩心态，小商贩心态是不能耐心持股的大敌，所以必须放弃小商贩心态，唯有放弃这种心态，建立起买股就是要实现人生价值的心态，才能够买到好股票，才能够拿得住，才能最终成功。

第三，如果你建立了第一条和第二条理念，仍然拿不住，则可能是你对你所投资和持有的股票，并无非常深刻的了解，而是一般的泛泛的了解。投资一只股票，对这个公司的熟悉，就像对你自己的熟悉程度一样。你对公司的了解，从生产到销售、到人事、到战略、到组织管理、到同行业竞争、到行业的发展趋势、到产业政策，都要全面彻底地熟悉和把握，你应该最终使自己对企业达到这样一种熟悉程度。假如有一天，股东大会选举你作为这个公司的新董事长，那么你上任后要能比前任董事长还干得好。换句话说，你对这个公司的了解程度至少要和该公司的董事长了解程度一样。

第四，如果在第一、二、三条都达到的情况下，你还是拿不住，那么原因可能是你缺乏经验，需要实践的磨炼。你多揣摩和多经历几次，自然就会成熟了。当然如果你反复磨炼，仍然不能做到耐心持有的话，那么你应该考虑退出这个行当，因为你的个性心理特征可能不适合做投资。

知道造成拿不住的原因，也就有了解决问题的方法，针对第一条，你一定要牢记在心，交易不能让你挣钱，频繁交易是一条通往失败的高速公路。如果你不信，就去问一问你身边的短线高手的收益状况，当然如果能看看自己身边短线高手的账户那就更好了。第二条并不难，巴菲特人生成功，只是因为他把可口可乐、吉列刀片、华盛顿邮报、富国银行拿了近10多年，每年平均只有24%的收益。人生的成功和人生的失败一样简单。最后说明的是你最好持有3~5只这样的股票，而不是1只。第三条，了解一家公司并不难，它是一个过程，拿得越久，了解得越深。第四条，一边实践一边总结，不出3次你就会悟到真理，一开始的失败也是一个不可避免的过程。

长期投资回报高低的决定因素

长期投资者的收益巨大，但长期投资者的年回报率实际上并不高。以最成功的长期投资者巴菲特为例，其30年中平均的年回报率只有区区24%，这个回报率对于很多人都是不能接受的，而巴菲特在连续30年实现24%收益率后，荣登全球富豪榜第二位。

所以有必要对长期投资回报率进行思考和分析：

第一，为什么巴菲特的长期年回报率是24%，而不是10%，也不是50%，或者是大家奋力追求的年回报率100%，原因是长期投资实际是间接的产业投资，现实的世界各国的实业经济在成功的情况下，年回报一般在10%~20%之间。10%~20%的实业投资回报率是在全世界范围内经过大量实证统计的投资回报率，产业界不能也没有产生出某家企业、某个行业长期的投资回报率超过20%（个别企业可能在短期年份出现超过20%的回报，但不能长期维持）。这样的实业投资回报率是社会经济规律的一种反映，它具有持久性、普遍性，作为整体实业投资回报率的总反映，各国的GDP增长率很少有超过15%的，大部分国家的GDP增长率是个位数，实业界过去和现在从来没有出现长期投资回报率超20%的情况，相信将来也不会出现。做长期投资，因为其就是间接的不参与具体经营的实业投资，因此长期投资的回报率必然受实业投资回报率高低的约束和决定，在实业投资回报率的附近上下波动，不可能过于脱离实业投资回报率。

巴菲特年均24%的回报率正是由长期投资回报率在10%~20%这个基础决定的，而不是没有任何道理随机出现的，是一种对实业投资回报率的反映，是一种必然。长期投资回报可能适当能比实业投资回报率高，但不能大幅超越，30%以上的长期投资回报率客观上不存在。

第二，有一个问题是为什么长期投资者的间接实业投资会超过现实实业投资的回报率？原因是长期投资者有多元化组合投资的优势，不同行业、不同的领域在经营理论和经营原则上都是相同的，都要处理产、供、销、人、财、物各个环节。抽象到一定程度，各个企业的经营本质方法、本质过程是一样的，是相通的。另一方面，商业界又有一句俗语："隔行如隔山"，这是指不同行业在具体经营中面对的产、供、销、人、财、物，具体对象和具体过程是不一样的。同样是销售工作，不同的产品的销售对象不同，顾客的消费心理、习惯不同，认识不到这些具体经营中的差异和不同，就不能跨行业经营。这些不同行业在产、销、人、财、物上具体的不同，成了跨行经营的大山，一般不易跨越。所以在现实经济中，多元化跨行经营失败的例子比成功的例子多，好的大的公司都是专心主业、专业经营，这是实业界的常见情况。

作为长期投资者，因为他不参与具体的产、供、销过程，只是从逻辑上把握企业的根本发展趋势，而决定不同公司根本发展趋势的本质要素都是一样的，不外乎产品要好、成本要低、市场占有率要高，至于如何具体地实现产品好、成本低、市场占有率高，长期投资者是不需要管的，那是管理层企业家的事。因此长期投资就可以在多行业、跨行业组合投资，也就是长期投资者因为不参与具体经营所以无跨行业障碍。长期投资从不受具体经营的约束和限制，从而通过多行业投资组合可以在实业投资基础上提高收益率。

另外，实业投资中无论投资任何行业，都有一个从成长到成熟继而到衰退的过程。当企业到衰退期时，实业投资者的退出成本较高，退出过程较为复杂漫长，而长期投资可以在资本市场上快速退出，避开已经失去成长性的企业，不经历衰退期。另一方面，长期投资人往往可以面向全世界选择机会。以上原因使长期投资人的回报高于实业投资。

第三，为什么20%就可以成为世界级大富翁?

我们来做一道简单的算术题：假设我们初始投入资金有10万元，分为以下5种方式：

第一种，第一年收益100%，第二年亏损50%……第三年收益100%，第四年亏损50%……以此类推，最终还是10万元；20年下来大起大落，不赔不挣。

第二种，第一年收益100%，第二年亏损30%……以此类推，20年后最终是289万元；虽然获利，但年收益100%难度相当大，获利是初始投资的28倍。

第三种，第一年收益10%，第二年收益10%……即持股20年，每年均收益10%，20年后最终67万元；每年10%很容易实现，获利是初始投资的6.7倍。

第四种，第一年收益20%，第二年收益20%……即持股20年，每年均收益20%，20年后最终380万元；每年20%比较容易实现，获利是初始投资的38倍。

第五种，第一年收益20%，每年收益20%……持股30年后，最终是2352万元，获利是初始投资的235倍。

由此，我们得出以下结论：稳定投资收益率+长期的持有，是投资收益的关键。同样的收益率（20%），时间每增加一年，它的结果是惊人的，第5种情况仅仅比第4种情况多投资10年，收益却是初始投资的235倍多。时间的威力多么巨大啊！时间其实是最有效的投资手段！只要你耐心，它就给你回报，就可以让你成为世界级大富翁。成功投资在于稳定的长期回报率，而不是瞬间的高收益率。

长期投资者的思维原则

长期投资者在长期投资过程实际上是无为而治，什么也不做，在什么也不做的情况下能大获其利。关键是长期投资者具有独特的思考原则和行为方式，这些独特的原则可以被概括为：思维长远化，思维战略化，行为顺应经济发展之道。

长期投资者的成功都很简单并不复杂，其成功关键是与众不同的思考原则、思考角度，只要坚持一个恰当的思考角度就可以成为一个成功的长期投资家。巴菲特说过："成功的投资生涯不需要天才般的智商、非比寻常的经济眼光、或是内幕消息，所需要的只是在做出投资决策时的正确思维模式。"

今天，我们来介绍长期投资者投资决策时的正确思维模式、思考原则和思考角度。

如果你面前摆着这样一个问题：你有一笔钱，你想把它投入股市，希望30年后作为你的养老金，你如何选股？因为这个选股要服从30年后养老的需要，在今后的30年里，你不需要动这个钱，也没有时间、精力去分析这些股票，同样也没有时间、精力操作买卖这些股票。于是，这个问题的实质变成了，为了30年后养老的需要，你现在需要买入一批股票，这些股票在你买入后的30年内处于无管理的状态。在30年内无管理的情况下，30年后你买的股票需要大幅上涨，回报要比你30年前的投入高10倍、十几倍、几十倍甚至上百倍，以便你的晚年能过上无忧无虑的幸福生活，在这样一个特定的约束和要求下，你怎样选股呢?

由于买入股票后，你就在整整的30年中再也不会对所买股票进行操作，而这期间有极大的可能会发生地震、战争以及社会动乱，除此之外，你所在国家的经济状况、股市环境都必然会发生数量众多且无法预期的重大变化和风险。这样一来，你选择股票时必然是即使发生了战争、地震、社会动乱，以及其他重大不确定事件，你选的股票都会能经受住这些可怕灾难的打击。于是长期投资选股的第一原则诞生了，它就是抗毁灭性灾难和不可预期的重大风险危机打击的原则。你选的股票必须要能经受住灾难危机的打击，任何想到的和没有想到的危机、灾难都不会影响你所选择股票的发展势头，说得更直白一点，就是只要人类社会还在，你所选的股票就会存在，并一定存在。

你所选择的用于养老的股票在任何情况下，都要首先必须满足抗灾变原则，如果做不到这一点，你就不能选这样的股票。

如果你投资的股票成功经历了30年中各种不确定因素的考验，但30年后它没有足够的涨幅，没有给你带来足够的投资回报，比如自来水公司就可能是这样的。自来水公司会长期存在，但极有可能它们没有足够的成长。而30年内显而易见的物价上涨，甚至是物价飞涨，因此，30年后的投资必须是10倍、几十倍和上百倍的回报，才能满足你的投资目的，才算成功的投资。在你持有你所选择的股票的30年中，它必须是即使遇到了地震、战争和不可预期风险都能保持长期的明确的成长，任何打击都不会停止成长，都会产生10倍、几十倍和上百倍的回报，就是我们选股的重要原则——成长原则。

这两个原则构成了长期投资成功的根本基础，我们将其总结成这一句话：“长寿命，抗打击，能成长。”

当我们依据它们去寻找股票时，你会发现自己已经不可避免地成了深谋远虑的战略家，你会发现在这样的原则支配下思考，股市上人人关心的事——庄家，概念，资金，热点，政策利多，大盘走牛（或者走熊），在你看来已经与你毫无关系，你发现他们的行为变得既可笑又毫无意义，跟你现在要做的事毫不相干。你会发现理论家、学者不断地著书立说，向人们讲授着各种他们发现的可以在股市挣钱的新理论，新知识、新技术，不过是把简单的事情复杂化。其实真正的需要考虑的问题是，什么样的企业会长期存在，而且在重大社会危机出现的情况下还能成长。只要解决了这两个问题，买上这样的股票，然后忘掉你有多少钱，买了什么股票，30年后再回头来看，这样就会挣大钱。

失败的投资主要原因是寻求希望快速短期致富。因为在选股上，买卖过程都是基于一种快速获利的想法进行的，凡是这种想法支配下的买卖都是必定失败的，因为人类社会迄今为止还没有发现这样的方法。以短期获利为目的的方法、技术、学说、理论都是造成快速赔钱的直接原因，这些方法、学说和技术都是有害的。

长期投资的思考原则的核心其实可以归结成一句话：“不急于获得回报！”事实上，你放的时间越长，你考虑的越本质，就越接近成功。当你把获得回报的时间放到10年之后，并以此选股进行操作，你自然会成为一个出色的长期投资者。就如同巴菲特指出的：“让我们假设，你将离开10年之久，在此之前你想要进行一项投资，离开的10年间你了解到的只能和你现在一样多，而且一旦你做出决定，一切都不能改变了。这时你会怎么想呢?”把你的思维和回报放在一个长期的框架内思考，你的所思所想所做完全服从这个长期目标，那样只要你有小学学历，你就可以成为赢家。本文提到两个原则可以归结为最简单的一句话:“思维长期化是成为大赢家的关键和全部。”

战略思维，投资成功的根本

市场主体的战略判断能力和抽象把握能力、战略穿透能力是最重要的能力，通过提高战略穿透能力和战略判断能力可以预知未来，可以提前在别人看不清的情况下下场，可以获得先发优势和先发利益。

人们总愿意在某个具体事件发生、某个具体事实面前才相信未来会发生有利的变化，这显然是一种肤浅的没有战略穿透能力的表现。毛泽东在延安的窑洞中就知道日本必败，而三流政治家们看到了日军不断得手，中国军队不断后退，不断高声贩卖亡国论。诸葛亮在南阳小村中大谈未来天下三分，并给刘备规划出避实就虚、攻取四川的战略，最后成就了刘备的帝业。毛泽东、诸葛亮二人至少提前将20年的时代方向准确把握，而且毛泽东、诸葛亮都从来没有对具体事情、具体过程感兴趣的习惯，而是坚持正确的战略、坐收时代的红利。《孙子兵法》开宗明义:“上兵伐谋，攻城为下。”《孙子兵法》认为，军事上最不重要的是攻城拔寨，根本的胜败决定于伐谋。我们“伐谋”就是战略上超越对手，就是在事物发展趋势上比对手看得远、看得清、看得准。《孙子兵法》说:百战百胜不是高手，不战而屈人之兵才是高手。我们把它换成股市上的话:“老买老卖不断挣钱不是高手，不买不卖看清大趋势、大战略、大方向，借助大趋势、大战略、大方向挣钱才是真正的高手。”

诸葛亮的《隆中对》，是中国历史乃至世界历史上最重要的战略规划书。为了读者方便阅读，我依旧引用了白话译文：

曹操与袁绍相比，名声小，兵力少，但是曹操能够战胜袁绍，从弱小变为强大，不仅是时机好，而且也是人的谋划得当。现在曹操已拥有百万大军，挟制皇帝来号令诸侯，这的确不能与他较量。孙权占据江东，已经历了三代，地势险要，民众归附，有才能的人被他重用，孙权这方面可以以他为外援，而不可谋取他。荆州的北面控制汉、沔二水，一直到南海的物资都能得到，东面连接吴郡和会稽郡，西边连通巴、蜀二郡，这是兵家必争的地方，但是他的主人刘表不能守住，这地方大概是老天用来资助将军的。

文中以深刻犀利的战略视角对东汉末年的政治、军事形势和未来走势做了洞察全局的分析。几百个字的《隆中对》把1000多年前中国主要政治力量的状况，以及这些重要政治力量的兴衰走向，概括得精准无误。事实是，《隆中对》之后的20年历史就像是被诸葛亮设计和导演的一样，完全按《隆中对》的剧本演进。《隆中对》把刘备一个几乎上无片瓦、下无立足之地、颠沛流离、寄人篱下、要啥没啥的破落英雄成就为一代帝王。《隆中对》之前，刘备一败再败，诸葛亮加盟后，人还是刘、关、张，然而很快就成为三足之一。原因很简单，诸葛亮给了刘备战略智慧，诸葛亮洞悉了当时历史发展的脉络，并借助了历史发展的脉络。

因此我们认为，投资者成功的关键是要有战略智慧，投资者要善于通过战略思维，发现战略机会。所谓智慧，就是战略判断和战略洞察能力，以及战略规划能力和战略实现能力！智慧的内涵是战略洞察和战略把握能力。大局和大利靠的是智慧，不是靠聪明，聪明不过是一些无关紧要小技巧，聪明与否从来不影响大局和大利。

《隆中对》规划的天下三分战略获得快速完全的成功和实现，而以四川为基地统一中国的战略最终未实现。历史学家和战略学家有人认为以四川为基地统一中国的战略设计有问题，也就是《隆中对》之中本身有问题。我们认为《隆中对》战略的未能全面完成根本原因是关羽、刘备未能坚定执行《隆中对》战略，而不是《隆中对》战略本身有问题。关羽骄傲，轻视东吴，没有坚定执行对东吴的联合战略。假如关羽像诸葛亮对孟获的政策对东吴，而不是面对东吴提亲要娶关羽之女时，关羽抛出一句“虎女不能嫁给犬子”的话，中国的历史将可能是另一种情况。比关羽的骄傲更错的是刘备的义气。关羽死后，刘备完全昏了头、失去了理性，亲征东吴，已经完全跳出了《隆中对》战略，违背了《隆中对》战略。

刘备征东吴失败后，《隆中对》战略已经没有继续执行的可能了，原因是对外和东吴已经是面和心不和，对内刘禅代替刘备，管理层已经缺才少德。

我们不妨把蜀国看成是一只叫“蜀汉股份”的上市公司，此时的这个“蜀汉股份”对外已经面临着盟友缺失和市场竞争环境恶化的严峻形势，对内出现了人才缺乏，尤其是董事长刘禅能力低下、经验不足的情况。“蜀汉股份”要想发展，必须进行治理结构改革，改组董事会、改选董事长，才能推动公司成长。然而由于“蜀汉股份”企业文化受时代制约，缺乏民主，尊重世袭，不能以德、能作为选择董事长的标准。唯一有能力推动治理结构变革的 CEO 诸葛亮，受这种有时代局限性的企业文化束缚，没有发起召开股东大会罢免董事长、改选董事会。从而“蜀汉股份”彻底失去了更上一层楼的机会。假如 CEO

诸葛亮发起改组董事会的变革，撤换董事长刘禅，自己取而代之，然后再聘请一名年轻的德才兼备之人任CEO，“蜀汉股份”的发展将不可限量，《隆中对》战略的实现完全可能，中国的历史也将改写。然而，企业文化的落后保护了“蜀汉股份”公司落后的治理结构，于是“蜀汉股份”必然地衰退了，于是“乐不思蜀”的成语诞生了！

通过对诸葛亮的追溯，我们可以看到，无论投资还是搞政治和军事，能成功的两个基点是：一是形成一套正确的战略方案和战略判断；二是持之以恒地坚持战略方案。持之以恒不是几天、几个月，而是几年、十几年，甚至几十年。只要有这两点，在战略方案本身正确的情况下，成功只是时间问题，成功是必然的。

用了如此多的话语说来说去，我们所表达的只有一个意思：对于投资人，正确的战略是成功的基础，正确的战略直接决定于最终的成败。对于投资没有战略者，失败是必然。对于投资具体的事情是不重要的，对具体事情最正确的态度是视而不见、不予理睬；具体事情唯一作用是消耗时间和精力，并使投资人患上“近视眼”的病。

长期投资不需要量化思维

对公司价值的量化分析没有意义，用各种复杂的模型对公司的价值进行量化更没有意义。对价值的定量分析没有意义，公司价值只能定性，对公司内、外部各方面情况进行战略分析，得出定性的结论就可以。对公司的价值进行定性分析是人类目前智力所能达到的极限。目前人类智力不具有对公司价值精确量化的能力，而且不对公司价值进行量化并不影响投资人获利，原因是：

全世界范围内投资界普遍共同接受的公司价值的定义是：公司价

值是公司从现在开始到公司失去经营能力、停止经营这段时间内公司所能挣到的全部利润，然后把这个总利润折算成现在的值。显然在这个公司价值定义中，公司价值的大小主要决定于未来经营期内公司挣到的总利润，如果我们说人类可以精确量化公司的价值，就等于说人类可以量化未来。人类可以对未来发生什么事、什么时候发生精确预测，这可能吗？显然不可能。人类不能对未来进行精确量化，只能对未来进行定性预测。比如，我们现在就敢肯定的预测，在未来某个时刻，人类一定会实现月球旅游，并且我们还可以更细一些、更精确一些预测，最迟100年人类会实现月球旅游。但具体哪一年实现？怎样实现？成本、费用是多少？谁也无法精确预测。

所以对公司估值过程的精细化量化分析是不可能的，每年大量的研究报告对公司价值量化到小数点后N位数是可笑的，是建立在研究人员可以精确预知未来的不可能前提之上，真正的事实是人类没有精确预知未来的能力。

至此，我们想说："一切定量的方法、定量的想法都是等而下之，投资价值判断是一个抽象的战略性质判断，是对社会经济的根本方向的判断，以及公司内部顺应把握社会经济必然发展方向中包含的机会的能力大小的判断，价值判断从来就是一个非量化的工作。"目前市场上有很多价值投资者把量化分析作为最重要手段，而且有迹象表明，越是学历高的人，越喜欢量化分析。就公司价值判断，70%是抽象定性决定，量化只有10%的作用，其他20%是未来本身的不确定。无论定性还是定量，都没办法知晓的。

真正的真理是早被价值投资大师罗杰斯说的，"不要去读商学院，要想做投资就去学哲学和历史"。罗大师为什么推荐学生学哲学和历史，因为哲学、历史可以让人有抽象思维能力和战略判断能力，从孙中山到毛泽东，大的成功者同时又是大哲学家，学习历史可以让人明智开慧，可以了解人类的行为特征。这两门学问是进行战略定性的必需，哲学和历史从来没有定量分析的作用，换言之，罗杰斯也是主张定性、反对定量的。

事实表明，一切的政治、军事和经济成败的根本决定于战略判断的正确与否，而不是量化的精确与否。关键的能力是战略判断能力，投资更是如此。股市投资，真正的成功者是赋予战略头脑的人，投资成功必须有战略思维能力，量化的精确与否与成功的关系不大。

长期投资就是顺道后的无为而治

长期投资的根本实质是什么？引发我们提出这一观点的原因是2007年初，我们以复苏型成长的理论和行业安全边际理论为指导，认为经历了近两年多的恶性下跌的电力股已经进入了复苏状态，电力股将迎来复苏型上涨。于是我们于2007年初大量的买入电力股，在至少20只电力股上大资金投入建仓。不长的时间内所买股票平均上涨了30%。在这里有一个情况引起我们深刻的思考：其实我们对所买的这二十几只电力股的公司情况并不十分了解，我们并没有对这些电力股进行具体的、深刻的走访和调查。对电力公司的买入主要是基于公司的财务报表和简单的电话访问，比如我们买入惠天热电主要是看到它的价格低于净资产，而电力企业的净资产的含金量比较高；买入吉电股份的原因仅仅是主营收入非常大，一旦成本有少许的降低，就会引发较大的利润增长。

总结这次电力股的收益根本的原因，不是公司的研究，而是对整体电力行业进入不可避免的必然复苏阶段的准确把握和正确判断。之所以能够对电力行业复苏有准确的判断，原因极其简单，就是我们认为电力行业从世界各国的角度，作为经济的基础产业永远不会发生长期实质性亏损。之所以有这样的判断，我们是基于根本的经济规律和经济现实得出的，如果电力行业长期亏损，则电力行业的回报率不足以吸引足够的资金驻留和参与到这个行业来，从而使得整体电力行业供给将不足，造成社会经济的基础动力不足。这对于整个社会经济系统来说将是严重的困难，社会经济要求电力企业提供长期稳定的能源，社会经济运行的内在规律就决定了电力股不会长期处于严重的亏损中。这个机制是必定如此的，不可改变的，是规律，是“道”。由于它是规律，是“道”，所以认识这个规律，认识这个“道”，顺应它们就一定能挣钱。在电力股上虽然我们并不特别了解具体的公司，但是我们把握住了行业发展变化的必然规律，我们在“道”的层面有了正确的认识，即使在微观细节上有所不全面也必定能取得收益，因为顺“道”是商业经营的最高境界和根本要求，也是投资的成功捷径。

借电力股这个具体的案例，我们对“商道”和“顺道投资”的理论做一些阐述。

依据世界万物运行都有规律的哲学观念，可以自然地得出一个结论：人类社会的发展变化是有规则的，不是随机的，从属于人类社会的商业经济发展变化也是有规则的，而从属于商业经济的资本投资虽然变化复杂，现象多样，但它仍旧是有规则的。行业经济作为社会经济的一部分也必定是有规则的，就像我们说的电力股不可能长期亏损一样，这就是一个基本的行业规则。

既然资本市场必定是在某种规则的支配下，在复杂的现象背后做有序的变化，那么，我们深入地认识到这种规律和规则不是一种真正的挣钱之道嘛，而且这种挣钱之道不是更可靠、更本质嘛。

历史上的晋商都追求商道，把认识和应用商道作为商业经营的最高境界。这些成功的商人终身追求商业的规律，并且应用商业的规律，山西晋商提出的以义治利的商业哲学，创立的“人身顶股制”的管理体制，都是基于“道”的层面的独创。晋商的成功本身证明了商道在商业经营中的重要地位。大的商业家不追求具体的技巧以及短期的商业暴富，而是寻找商业的规律，并且长期按商道的规律从事商业实践，寻求根本性的成功。中国古代提出“人弃我取、人取我与”的大商业家白圭，《史记·货殖列传》中对他的评价是“乐观时变、善观时变”。在这里，白圭的“观时变”就是要探求商业中的规律性变化和趋势性变化，而不是停留在短期的价格变化；这里的“时变”包含着时空转换，社会变迁的意思，这种时空转换社会变迁的规律性，实际上就是“道”。

“道”与“术”相对立，所谓的“术”就是某种技巧。比如资本市场的技术分析流派就是一个具体的术，我们不能说技术分析无用，但它终究是一个技巧，它是一个等而下之的范畴。不懂得“道”的人光掌握了“术”难以挣到钱；在懂得“道”的情况下又掌握了“术”会强化盈利；掌握了“道”不了解“术”也可以盈利，所以“道”是根本！

“道”这个词以及道的思想是由老子提出的。老子认为天下万物有道，也就是说万事万物变化都是有规律的，而且这些万物之道在本原上都有共同性。基于这样的一种观点，老子提出一个鲜明的主张，就是对国家和社会的治理不应该把某种能人和技巧作为主要方面，而是顺应社会发展的道理和规则，社会就会在无人干预的情况下向前发展，这就是所谓的“无为而治”。“无为”不是简单的什么也不干，而是不要使用过多的技巧，重点是做那些符合社会发展规律的事情。老子的这个思想可以直接移植到股市上来。在股市上挣钱和发展，重要的不是技巧和技术，重要的是认识并顺应社会经济、市场、产业发展变化的规律，顺应趋势。尽量不进行任何看似热闹的技术性活动，“无为而治”就会挣钱，反之则不易挣钱。老子更进一步说：不断用鞭子抽打马匹的人，并不是一个能行走千里的人；不断用严刑峻法干预社会的人，并不是一个能成就伟大事业的人。我们想一想，资本市场上有多少不断地用鞭子抽打马匹试图一日之内暴富的投资者，他们大多不能走的很远。

我们不知道巴菲特是否读过老子的书，但是巴菲特是一个典型的顺应社会经济发展的根本之道，长期持有无为而治，最终达到别人无法企及的成就。我们从哲学上、商业上阐述论证了认识“道”、顺应“道”对于取得商业成功、政治成功、投资成功的重要意义，认识“道”、顺应“道”的确是整个投资过程中最重要的一个任务，投资者要树立以“道”取胜、顺“道”投资的投资哲学和投资理念。

长期投资就是在顺应“道”的基础和前提下，无为而治！

长期投资不是一定买优质公司

前文中我们利用相当的篇幅阐述了长期投资的方法和原理，在举例是说明时列举了大量的优质公司的例子，读者可能会因此认为长期投资就是买入优质股，买入优质股是长期投资的唯一方式。事实并不是这样。认为长期投资就是买入优质股的做法也并不是完全正确的。

长期投资的本质是，买入未来若干年后，企业经营情况和盈利情况比现在好的公司。长期投资的回报大小主要决定于未来企业的经营和盈利情况比现在企业的经营和盈利情况好的程度，未来比现在越好，长期投资的回报越大。用一个简单的公式来表述：长期投资的回报=未来企业经营和盈利情况-现在企业的经营和盈利情况，差额越大，长期投资回报越高。

要想让未来企业经营和盈利情况与现在企业的经营和盈利情况的差额非常的大，一般有两种情况。

第一种情况是，现在企业的经营情况非常的好，未来企业经营情况更好，所以，未来企业经营和盈利情况-现在企业的经营和盈利情况，差值就会大。这种情况就是买入优质股的长期投资方法，这种方法的好处就是确定性高。因为现在的好企业往往在今后若干年也会是好企业，中间的不确定性少。正如巴菲特所说的："如果一个企业的过去10年的经营非常的好，那么未来10年它的经营情况也非常可能会非常的好。"

第二种情况是，企业现在的情况很糟糕，但未来若干年后企业的情况可能变得很好，这个时候，未来经营情况和现在经营情况的差值也是非常大的。买入这样的公司，长期投资回报也是非常高的。而这种长期投资一段时间以来市场上一直没有足够的重视，而且有很多人不承认它也是长期价值投资的方法。更由于巴菲特曾经买过几家业绩不佳的企业，试图等待这些企业起死回生获取投资利益遭到失败。巴菲特在这些投资失败后，发表了一个不要捡别人丢在地下的烟抽的谈话，所以这种长期投资方法并不普遍。

事实上第一种方法和第二种方法都是长期投资重要的方法，都是长期投资不可缺少的重要组成。第二种长期投资的回报更高，这既是事实，也符合高风险高收益的常理。因为第二种方法主要的问题就是，选择暂时处于经营困难的企业进行长期投资，它的判断难度和选择难度要比第一种大的多得多，它的未来不确定性也相当大。

巴菲特核心重仓股的共同特征

我们讨论长期投资，有必要对巴菲特核心重仓股的共同特征进行研究，20世纪70年代中后期，巴菲特就逐渐转向了长期投资于优秀公司为主的投资策略。这一方面与巴菲特的资金规模越来越大有关系，另一方面，芒格所主张的“以合理的价格买入优秀的公司的理念”被巴菲特接受。所以，从20世纪70年代开始，巴菲特大量的资金长期投资于较少数优质公司，格雷厄姆式的烟头投资日益减少。对巴菲特长期重仓持股公司的共同特征进行分析研究，能够为我们发现长期可投资的公司提供一些原则和方法。基于这样的想法，我对过去几十年巴菲特核心重仓股的共同特征进行的研究，发现巴菲特长期重仓股是有极其明显共同特点。

第一，产品需求永无止尽的快速消费品公司

行业内已经认识到巴菲特几十年来主要是投资消费和金融，其中消费是第一位的。只是这种消费类公司都是快速消费品，而不是耐用消费品和慢速消费品。巴菲特没有投资房地产，也没有投资一些商品更换周期长的公司。

可口可乐巴菲特一天自己就喝几瓶，华盛顿邮报天天一份新产品，宝洁吉列、美国运通的服务和产品全部都是快速重复消费。而且这些重仓股的产品和服务在生命周期上几乎都是无始无终的，不能想像美国人不再喝可乐了，也不能想像美国人不再用快递服务了，生命周期无限长的快速消费品是巴菲特核心重仓股的第一特点。

为什么要买快速消费品公司?

所谓的企业成长，简而言之就是净利润持续增加。净利润怎么样才能增加呢？净利润逐年持续增加的基础性前提条件是什么？答案是：主营收入逐年连续增加，且成本并不大幅度增加。

如果一个公司的主营收入不增加，在极端特殊的情况下，这个公司也可以实现净利润的增加，那就是大幅度的控制成本和费用，但是这种情况很罕见，也很难持续。可持续的成长是一个公司的净利润大幅增加总是因为主营收入持续大幅的增加，只有主营收入大力度持续增加才会导致净利润持续的大规模增加。

主营收入增加要靠什么？当然要靠主营业务量（销量）增加，要靠产品价格提升，或者产品价格和销量同时增加。主营收入持续的增加在相当程度上主要依赖销量的增加，而销量的增加内在的要求是这个产品不断地重复的消费，这个产品不会因为消费者买完以后很快饱和，它一定是消费者买到后很快的消费掉了，然后新需求立即再次产生，这样销量才能增加，主营收入才能增加。

主营收入持续成长不可能而且永远也不会发生在一个需求萎缩、需求饱和或者需求短期之内很火爆，但一旦消费者完成了一次购买，则需求再也不会快速产生的行当。

所以，快速消费品容易造就成长股的原因是它提供了无始无终、永续持久的需求，为企业主营收入增加提供条件。这就是巴菲特要买快速消费品重仓的原因。

为什么长期大牛股往往出现在消费食品类公司中，这里面根本的原因是，消费企业的需求有巨大的优势，这种需求优势对企业的成长提供了一种基础保障，下面我就讨论一下需求是怎样影响企业的长期未来的。

农作物茁壮成长靠的是土壤肥沃，企业这棵大树能够茁壮成长靠的是什么呢？也是“土壤”，这个土壤就是需求特征，没有任何一个优秀的成长公司是在需求有限的情况下发展起来的，就像没有一棵参天大树是在乱石堆中成长起来的，需求就是企业存在和成长的土壤。我们想想，在养分不足的情况下，作物会怎么样？对于企业，只有在需求旺盛、需求持久、需求稳定的前提下才能成长，有良好设备、有杰出管理、资金也很充足，但就是没有需求，那个这个企业没有任何价值和前途，这是绝对的！从这个意义上讲，需求是一票否决的，需求是根本的。据说在台湾有一种生产蓑衣的产业，全台湾只有一个企业在生产蓑衣，这个企业没有竞争对手的，但这企业不能够自食其力，不能够自我生存，靠政府的补贴才能活着，政府把蓑衣作为一种非物质文化遗产保护起来，这企业的生意才得以运作，这里面的道理关键是蓑衣的需求没有了，在需求没有情况下什么优势都等于零。

很多企业最后衰退并不是企业本身的生产工艺技术不行了，是整个产业变化导致需求出问题了，这样的例子非常充分。需求兴盛，产业就兴盛，需求丧失产业就消失，需求是根本的决定力量，我视需求为母亲，没有母亲就没有儿子，没有母亲乳汁哺育的婴儿都将走向死亡，而母亲的健康和充足的奶水是孩子成长的绝对前提，中国有句话："母壮儿肥！"就是这个道理。

需求如此重要，这就引出一个问题："需求好坏的判断依据和标准是什么?"

有利于成长或者不利于成长的需求可以通过五个方面来考察。分别是需求总规模、需求持续性、需求稳定性、需求重复消费周期和需求成长性。这五方面共同决定需求的质量和好坏！有利的需求总是在这五个方面表现出与众不同，对这五方面需求成长性进行了全面的考察和比较，可以知道需求有利于成长还是不利于成长。

我们可以通过以下公司经营过程中表现出的特征，来理解需求总规模、需求持续性、需求稳定性、需求重复消费周期和需求成长性，是如何影响企业命运的。

1，从乳业和味精企业股价走势差异看需求总规模对投资回报的影响

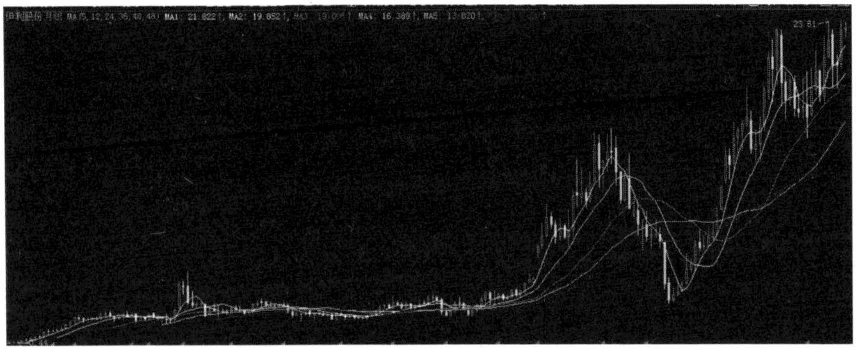

图 4－1 伊利股份月线图（1996. 3－2012. 2　　涨幅 5051%）

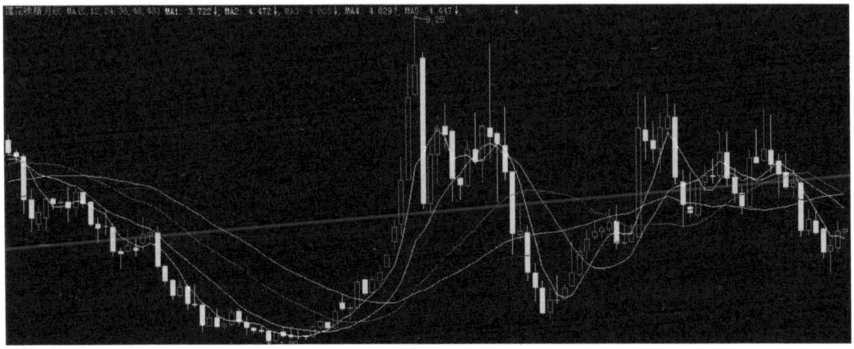

图 4－2 莲花味精月线图（1998. 8－2012. 2　　涨幅 37%）

上图分别是伊利股份和莲花味精的股价走势。这种走势差异和涨幅差异背后原因是什么？答案是乳业和味精这二个商品的需求总量之间的差异，乳业和味精的需求总量一个多，一个少，牛奶每人每天会喝一袋，做饭放的味精永远是一点儿。从需求总量和规模上看，乳业和味精的需求规模先天就有高下之分，乳业和味精在需求总量上的差别，是由它们的基础用途决定的，永远改不了。味精的需求具有有限性，导致市场空间不大，从而企业发展潜力不会太大。伊利股份和莲花味精股价走势的差异，是需求规模差异的必然反映。

伊利股份和莲花味精的股价走势差异，反映的就是需求规模对企业的影响！如果一个产业需求总规模很大，它给龙头企业提供的成长潜力也会很大，就像中国乳业产业，同时走出蒙牛乳业和伊利股份两大乳业企业，它们都成为资本市场的大型成长股。如果需求规模小，企业的成长基础脆弱，成长潜力不足！

2008 年 1 月，香港明报报道，全球最大圣诞树生产商——深圳宝吉工艺品厂疑因经营不善倒闭，拖欠大量货款。包括港商在内的 30 多家供货商昨天率领 200 多名工人，聚集位于龙岗雪象村的宝吉工厂门前抗议。部分情绪激动的供应商一度强行入厂搬机器抵债，但被闻讯赶至的官员劝阻。

这件事情是我无意间看到，然而却让我想了很深、很远、很久……

没有庞大的需求就没有企业发展的可能，需求是企业能否成长的前提性条件，这家圣诞树生产企业的破产更让我认识到这一点。圣诞树产品在需求上有个最致命的劣势，并且需求规模不大，它的需求量过小。想象一下，每年只有一天人们才可能对圣诞树有一次需求，而且这种需求也不是绝对必需的。在这种情况下，全世界每年对圣诞树的需求规模自然很小，圣诞树生产企业可能在很小的时候感触不到这个需求劣势的可怕，小企业年产一万棵圣诞树在全世界范围内绝对有销路，但是看一下这个全球最大的圣诞树企业的厂房和规模，你就会发现它为什么会破产。

宝吉工艺品厂房

如此大规模的厂房，其必然产量巨大。然而，圣诞树这个产品没有那么大的市场规模足够它来满足，换言之，圣诞树生产企业天生就不可能产生出大企业，这个行业只能让小企业存活。今天破产的这个企业在它们投入巨资、大规模盖厂房的时候，破产的命运就已经注定了。因为，市场的需求规模就决定了不可能有巨大的需求，从而巨大的供给没有办法得到消化，拥有巨大产能的企业本身是个灾难。

这个破产事件再一次揭示了需求规模的重要性。没有庞大的需求做前提，就不可能出现持续成长。因此，投资者要投放足够多的精力来研究所投资企业的需求特征和需求变化情况，除非你不想挣钱，否则绝对不可以忽略对需求变化的跟踪和研究。

对此蒙牛创始人牛根生先生在《企业的大和强》这篇文章中通过一个事例所揭示的同样道理：在一些狭窄的市场领域，一些企业生产出了拳头产品，但其市场总容量有限，于是出现了“战无对手，食仅果腹”的奇特局面……这样的企业，如果跨行业对比，它不算大；但在其所在的狭窄市场里，它已顶尖了。一些“隐形冠军”就居于这种位置。比如，杭州有家全世界最大的赛艇生产公司，连2004年雅典奥运会都选用过它的产品，但在赛艇行当，它大起来的机会就非常渺茫

——满打满算，全世界每年能够需要多少新的赛艇？这类企业要想做大，就需要革新自己的赢利模式，将“利润点”扩展为“利润面”，例如，做与赛艇有关的旅游项目、文化项目、会议项目、海洋项目等。

巴菲特在选股时首要条件是企业必须“巨额盈利”，巨额盈利有一个内在逻辑前提——必须要有足够大的主营收入。要想有足够大的主营收入，产品的需求规模必须大，否则企业就不会有足够大的主营收入，从而也不会有巨额盈利。需求优劣的首要考虑指标就是规模。

2，从夏新电子与可口可乐股价走势差异看需求持续性对投资回报的影响

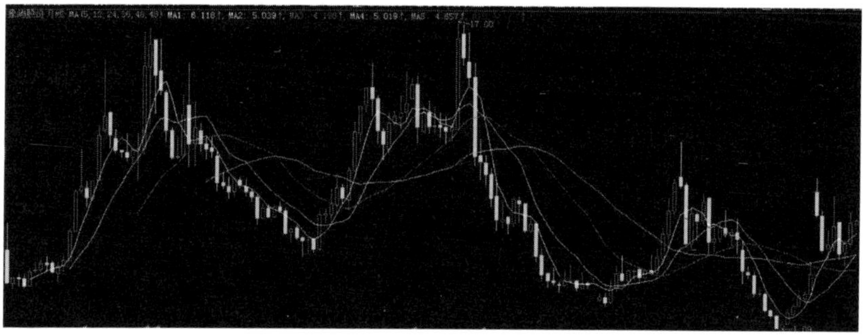

图 4－3　ST 夏新月线图（1997.7－2012.2　　涨幅 37%）

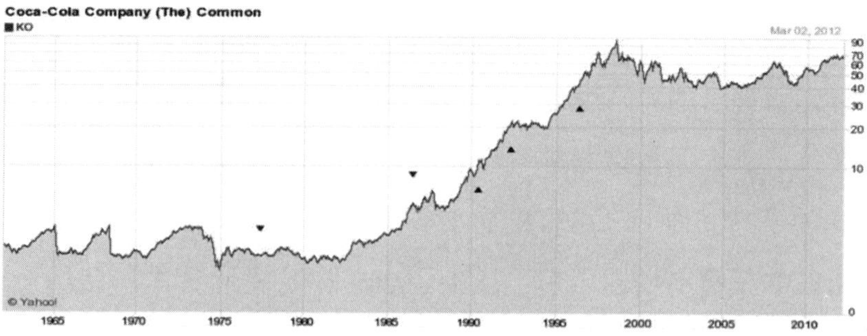

图 4－4　可口可乐月线图（1960－2012.2　　涨幅 1300%）

上图分别是夏新电子和可口可乐的股价走势。

夏新电子股价过山车一样的走势，根本原因是因为需求没有持续性，需求持续的时间短，需求不能持续存在下去。VCD的需求总规模也是很大的，但是需求只持续了一段时间，就被DVD以及其他的商品取代了。VCD需求不是持续的，是阶段性的。其兴也旺，其衰也快，当VCD兴起的时候，爱多，夏新都借势利润大涨，当需求因故衰败的时候，这些企业快速陷入了困境。

可乐已经存在了一百多年，在过去的一百多年，产品需求一直保持着足以支持企业成长的持续性。需求始终像涓涓细流一样 ，持续永续的存在。在未来的若干年可乐的需求都会如此，正是这种需求的永久持续性使得可口可乐走出了长期的上涨。倘若不是在需求上可乐有这个特征，可乐的产品无论质量怎么好，管理怎么努力都不会一百年的成长。需求持续性是企业长期稳定经营和持续发展的保障，如果很大的规模不具有持久性，不具有后劲，那样的需求对企业来说往往是涨得也快，跌得也快。VCD产业不能孕育出长期成长股的原因正是由于需求没有持续性。因此需求不仅要在总量上规模巨大，还必须在持续时间上长久永续，无有终结，井喷式的只能维持一段时间的需求，无论多么大的总需求量都不能推动企业长期成长，需求必须在时间之轴上长期存在，这样企业才有长期经营和长期成长的可能。那些短寿企业是不能给投资人带来利润的，企业短寿的原因往往是因为需求不能长期存在。

3，从钢铁和啤酒股价走势差异看需求稳定性对投资回报的影响

下图分别是青岛啤酒和宝钢股份的股价走势，宝钢和青岛啤酒都是中国知名的优秀企业，但股价走势巨大差异又是由什么原因导致的？答案是需求的稳定性！宝钢所生产的钢铁需求巨大，而且也是永续需求的，为什么它的股价不特别强烈的上涨。这是因为钢铁需求不能保持稳定性，是周期性的，好的时候大涨，坏的时候没有可吃的饭。需求对于企业就像母亲的乳汁对婴儿一样，宝钢的问题恰恰需求一会儿好，一会坏，周期波动，当需求出现上升的时候 ，公司主营收入和利润增加，股价表现出上涨，不久需求衰败了，公司主营收入和利润减少，股价下跌。

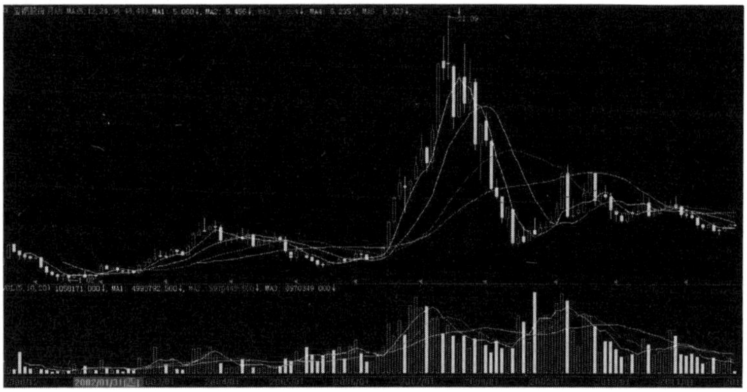

图 4－5　宝钢股份月线图（2000. 12－2012. 2　　涨幅 126%）

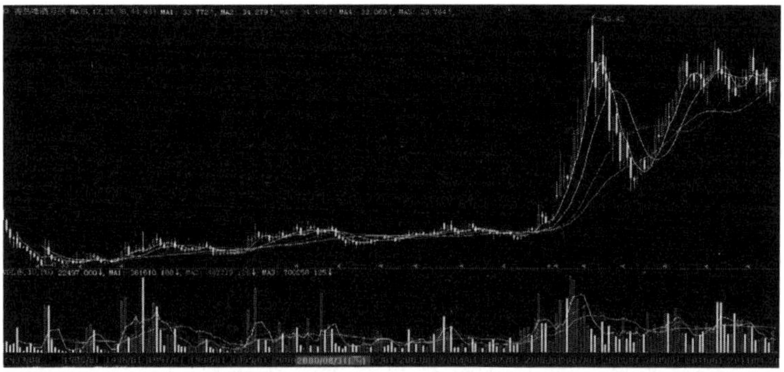

图 4－6　青岛啤酒月线图（1993. 8－2012. 2　　涨幅 231%）

啤酒的需求比较稳定，没有重大波动。两个相邻的年份的需求量不会有大太的差异，这是由啤酒的商品特征决定的。人们饮用啤酒是一种习惯了，定时定量的饮用，波动不大。从整体和长期的角度看啤酒的需求是稳定的，这样稳定的态势让企业的经营也处于稳定之中，啤酒需求稳定在一个常态上，企业可以很好的利用市场的稳定性，保持健康成长。像宝钢需求旺的时候大力度的投资设备，引进生产线，当需求衰败的时候，在这些需求高潮期所建设的厂房设备到了衰败期变成了包袱，于是整个经营状态就不稳定。

4，从白酒和大型家电企业股价走势差异看需求重复消费周期对投资回报的影响

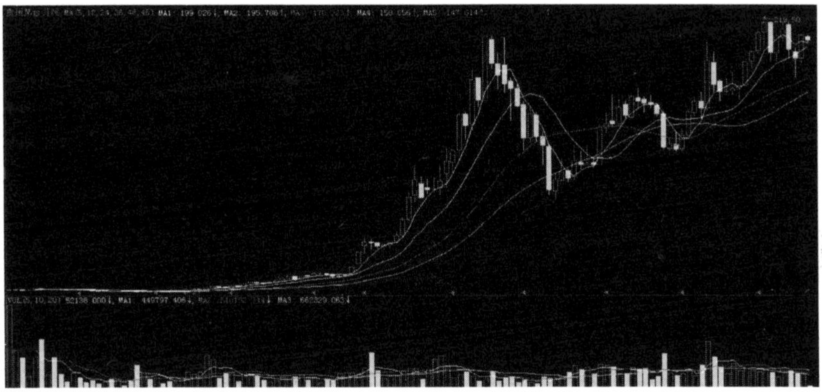

图4-7　贵州茅台月线图（2004-2012.2　　涨幅8700%）

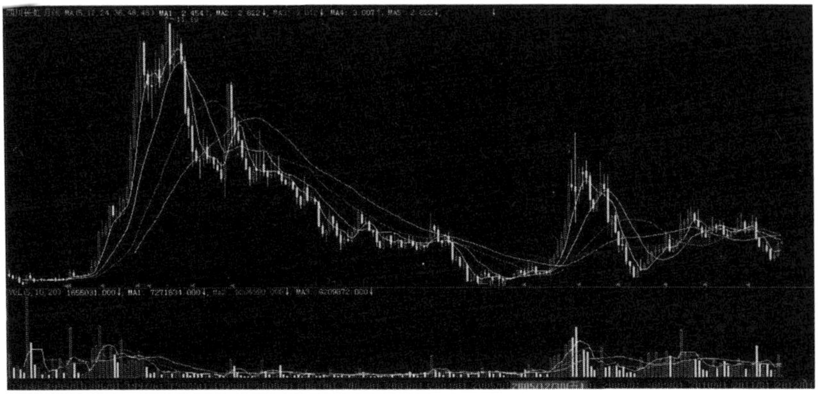

图4-8　四川长虹月线图（1994.3-2012.2　　涨幅73%）

无论是白酒还是大型家电他们的需求规模都是巨大的，需求是永续的，也是相对稳定的，没有太大的周期波动，但为什么这两个行业的股价走势有着巨大的差异呢？答案是白酒是重复消费的快速消费，家电属于耐用消费品，三到五年换一次是快速的，慢的需要八到十年，这样很久才会发生一次重复消费，导致家电的总需求规模上不去，它不是重复消费。白酒、牛奶这类商品几乎是一天就要重复好几次发生需求，老的需求刚刚被满足，马上又有新需求出现了，这样整个需求量大增。需求量大增意味着行业的总价值度大幅增长，这样行业中的企业就能更快的成长。家电企业需求的问题是若干年发生一次重复再消费，重复消费的周期太长！如此长的周期导致他的需求总量不大，从而股价走势明显不如快速消费品强劲。

如果真的对投资有所了解，就会发现中外股市真正的成长股都相对地集中在吃喝等产业，根本的原因就是因为快速重复消费，导致需求的规模优势，从而有利于产生长期绩优股，全球范围内所出现的大牛股高度集中于消费产业，根本道理是消费产业在需求特征上快速重复消费，总规模巨大，产业的总价值度提升，能够推升强势成长。

5，从啤酒和葡萄酒公司股价走势差异看需求持续性成长性对投资回报的影响

张裕和青岛啤酒这两个企业都是生产酒的，他们的需求巨大，持续性也是永续，稳定性也很强，没有周期性，快速消费。但又是什么使得这两个公司的股价有明显差别？需求的成长性！啤酒已经进入了稳定阶段，不是很大幅的增长，过去的一二十年中国啤酒的需求以每年5%的速度稳定增长，而葡萄酒在中国刚刚发展，它的需求以每年15%甚至更高的速度增长，这样导致了啤酒和葡萄酒在需求稳定性、持续性、时间上都相同的情况下，增长速度不同。张裕和青岛啤酒的品牌有差别吗？没有差别。在企业内部要素我们找不出差别和原因，而根本的原因是需求的成长性不同。

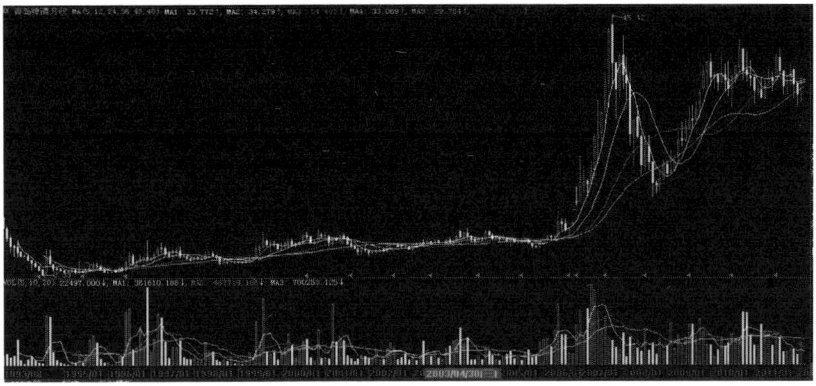

图4－9　青岛啤酒月线图（1993.8－2012.2　　涨幅231%）

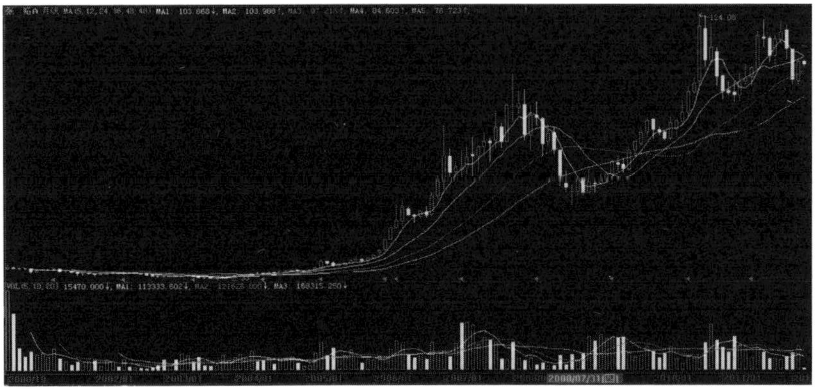

图4－10　张裕月线图（2005.4－2012.2　　涨幅3400%）

通过以上一系列的比较，我们可以看到在不同公司、不同行业股价走势的巨大差异背后，都是因为需求的五大方面的具体差异所导致的。这就让我们再次深刻地理解需求决定企业的命运，需求从各个方面影响了企业的命运，从成长速度，毛利率，稳定性等等，企业经营各方面的不同状态和局面都能够在需求上找到根本原因。通过以上一系列的比较，我们对于什么是优质的需求，什么是有利于成长的需求应该很清楚了。那就是规模巨大、持续时间长乃至永续需求、稳定非周期、快速重复消费和需求不断成长才是好的需求特征。当企业的需求在以上这五个方面具有明显的优势的时候，这个企业就立足于肥沃的土壤，就自然能够在一定的物质条件支撑下，通过适当的努力经营获利，取得良好的经营结果。

好的需求只有一种情况，那就是需求的五大方面都处于良好状态，没有任何一项处于不利状态。当需求的五大方面有任何一项处于不良状态，则在整体上需求就处于不利状态，需求的五大方面是一票否决，差一点都不行。只要有一点不足，就会造成企业经营的困难。需求五大方面任何一个要素都对企业影响深远，决不含糊。

6，买大不买小、买老不买新、买垄断不买竞争

巴菲特买大不买小，买老不买新，所有的重仓公司都是其所在行业的超级龙头和绝对老大，这些公司也是美国企业界的巨无霸。巴菲特不介入处于自由竞争阶段的行业和公司，他只买那些已经实现了完全的寡头垄断行业中的超核心龙头股。华盛顿邮报几乎是美国舆论媒体的旗帜；可乐、宝洁吉列、运通等企业占据着整个行业的半壁江山。

这些大的企业常常被人们视为成长乏力，但事实是这些企业因为长期经营所形成的内部稳定的经营体制和机制，加上行业竞争进入垄断而非常稳定，成长性并不逊色于其他公司。巴菲特一生没有持有过所谓的中小盘股，巴菲特所持有的股票都具有长期生命历程，都是在经营了几十年后他才介入的，没有一个较长的经营历程，巴菲特甚至不看一眼，新的公司、小的公司、没有历史的公司在巴菲特的投资组合中从来得不到重视和关注，而老的、有历史的、规模巨大的、行业绝对龙头则成为巴菲特重仓的核心公司。

为什么要买垄断竞争行业中的超级龙头?

著名产业经济学家迈克波特说过："一个企业的未来决定于这个企业所处的行业特征，只有那些有利于成长的行业才有可能孕育出好的公司。同时，企业的未来成长还决定于这个企业在其所处的行业中的地位，如果一个企业的所处行业的地位明显处于劣势，那么行业再好也不行。"这就是巴菲特买高垄断寡头竞争型快速消费品企业的原因。

如果在可乐行业里有一万个企业在竞争，虽然对可乐的消费是快速并且需求无限长久的，但是由于行当内有近万家企业同时生产可乐，虽然需求是增长的、持久的，但是这种需求不一定会让所有企业的销量都增加，行业需求不能转化成你所投资公司的销量增长也不行，你所投资的公司可以吸纳行业的巨大需求，一定是这个行业已经形成了寡头垄断，竞争企业很少，且你投资的公司是龙头老大和超级龙头。

为什么中餐没有向西餐一样产生大型成长性企业?

吃饭是人类最基本的需求，而且吃饭是快速消费，需求规模较大、永续存在没有波动性，所以吃饭的需求非常有利于产生成长。但是我们看中餐馆，虽然中国的人口是世界上最大的，吃中餐的人也是全球最多的，但是没有出现大规模的中餐企业，而西餐却出现了麦当劳，肯德基这样的世界级的优秀企业，原因何在?关键是中餐馆的竞争者，以及潜在竞争者太多太多，川菜、粤菜、鲁菜……各种流派的中餐各显身手，中餐产业有数以几十万个企业在竞争，没有实现产业的集中，进入无壁垒，基本上只要有一个人愿意都可以开饭馆。市场中的竞争主体太多，把一个全世界最大的需求分割的七零八落，每一个主体都只能得到有限的市场需求，不能长成参天大树。整个中餐业是一个灌木林，肥沃的土壤上被无限多的主体分割成永远长不大的灌木林。

而麦当劳和肯德基成长的关键是有效的创造或者实现了产业结构的集中，西方快餐店没有那么多的品种和花式，这是有利于产业集中的原因。麦当劳、肯德基成为大型的公司，产业结构中竞争者少是关键，西餐就那几家竞争不激烈，内部竞争也不是很激烈，于是良好的需求做土壤，有限企业就能吸纳土壤中的巨额养份，最后长成两棵参天大树。

中餐馆和西餐馆在同样的需求下，不同发展结果，背后的逻辑是一个企业的命运受市场竞争结构的影响。巴菲特很早就认识到市场结构的状态会强烈影响企业利润，研究企业的利润必须关注市场结构，他在给股东的信中写到："我们必须探究几项影响企业获利的重要因素，一般来说若企业处在供给过剩的产业，大多会面临悲惨的下场，持续的产能过剩无法控制价格滑落导致获利不佳，当产业好不容易面临反弹时，却又是竞争者一窝蜂全面扩张的开始。在某一些产业，供给紧缩的情况却可以维持很长一段期间，而要增加产能因涉及复杂的规划与建厂而需有相当的前置期。"

因此巴菲特只买大型的垄断公司，且买已经有很长经营历史长期处于垄断地位的公司。为揭示巴菲特这一原则中包含的智慧和道理我问一个问题。为什么乾隆当上了皇帝，而不是其他人？答案很简单，因为乾隆他爸爸是皇帝！乾隆他爸爸有几十个儿子，为什么最终是乾隆成了皇帝，答案是：因为乾隆是太子，是儿子中的龙头和老大！（历史真相较复杂，乾隆有一个哥哥不成气候，很早就被雍正废掉了，雍正在废掉乾隆的哥哥后，将排行第二的乾隆立为储君，此处为说理做了简单处理）因此乾隆成了皇帝。预测某人会不会成为皇帝，只需要看他爸爸是谁是不是皇帝，如果他爸爸是皇帝，那么大儿子就是未来的皇帝。皇帝的儿子比丞相的儿子有发展优势，丞相的儿子比县令的儿子有发展优势，普通老百姓的儿子比王老五的儿子有优势，这虽不公平，但是客观的。这就好比一个公司能不能成长，其实首先决定于它所在行业是否有利于成长，是否有发展优势，行业是公司的“爸爸”。在好的行业，公司有先天成长优势，比如消费行业就比较有优势。不同行业的公司，有的利于成长，有的不利于成长，这虽然看上去不公平，但又是客观的。在不利于成长的行业一生努力、一天36小时工作也不一定会有好的发展，就像普通老百姓的儿子，毕生努力也不太容易成为县令，别说当皇帝了。所以成长股选择一定要看行业，一定要看它“爸爸”是谁，一定要把“是否是好行业”当成头等大事。

进一步讲，如果一个皇帝只有几个儿子，甚至只有一个儿子，太子的地位很稳固，哪怕太子是傻子也会成为皇帝（投资领域就有选择傻子也能经营的公司的说法），如果一个皇帝有几十个儿子，那么在这样的情况下即使是太子也要提防自己那几十个兄弟的挑战，有时太子也会被自己的兄弟拿下甚至杀死，比如唐朝李世民发动的玄武门之变，就是把自己的太子哥哥杀死自己取而代之，同样，康熙有24个儿子，本以为立了太子，但八阿哥和十四阿哥不甘心，设法争夺王位，但争来争去却是四阿哥雍正当了皇帝，让很多大臣站错了队。在一个好的有优势的行业，如果只有几家公司，那么这样的竞争结构非常稳固，极有利于龙头企业的稳定经营，一个好的行业，只有几家公司参与竞争，这个行业中的龙头就是未来的成长股，就像一个皇帝只有几个儿子，这几个儿子中的太子极有可能就是未来的皇帝。反之行业虽有优势，但有几十家、上百家公司参与竞争这样的行业竞争太激烈，谁都想当龙头，为此大家拼命竞争，最后几败俱伤，投资人无法提前知道谁是最后的龙头。

成长股的选择就像预测未来谁当皇帝一样，并不复杂，和把大象关到冰箱里的步骤一样共分三步，一看爸爸是谁，二看兄弟多寡，三看谁是老大。预测谁是成长股，一看行业是否有利于发展谁，二看竞争企业多寡，三看谁是行业龙头。

7，买简不买繁

我认真研究巴菲特的持仓，发现他不买复杂的公司，像可口可乐、吉列刀片、华盛顿邮报。巴菲特重仓股没有投资过非常复杂的公司，没有投资过普通人理解不了的公司，大多是非常简单的公司，主要是那些几十年如一日生产某一个商品，而且这个商品生产工艺，包括上下游关系都非常简单，比如可口可乐、宝洁、吉列刀片、富国银行，这些巴菲特重仓的都是几十年如一日只生产一个商品或者只做一个业务，中间没有发生过主营产品变化。巴菲特总结出一个规律："那些成功的杰出企业，总是几十年如一日的生产同一个商品。"实际上，世界各地的高回报的公司，大多是几十年如一日地做一个商品，像中国的贵州茅台就只销售茅台酒，从来没有改变主营商品。巴菲特重仓股的生产工艺也非常简单，几十年不变，业务模式也不需要改变，企业只要传承过去的业务模式、生产工艺，只要沿着已经有的模式精益求精的做下去，就可以成功了。在这些公司中继承比创新更重要，原则上不需要太多的创新。巴菲特重仓股在经营历史上都没有业务转型、有没有向新产业进军，持之以恒的围绕着自己单一的简单产品，在可口可乐身上这一点体现的最集中，近百年的历程中，可乐的生产工艺没变化，公司的主打产品没变化，什么都没有变，就是在这一桶小饮料上做成世界性的饮料巨头。其他几家公司也是如此。

为什么买单一产品和简单工艺企业

单一产品和简单工艺下的持续经营更是为了确保确定性，减少风险性。如果你几十年如一日从事一项工作，你闭关眼睛都能完成这项工作，因为你做了几十年了，你太熟悉了，没有人比你更熟悉，你没有不知道不清楚的，所以你几乎不会发生错误。

简单的生产、简单的工艺降低了错误发生的可能性，持久的经营让企业在这个行业里的经验、能力得到了长期积累和沉淀，从而极难发生严重的过失和失误。

于是，就使得被投资企业发生不确定和意外事件的概率大幅降低，这样短产业链、单一产品、简单工艺、持久经营综合实现了被投资对象的确定性和保障，也排除了各种各样潜在的和无法预知的风险。

我发现："有价值、能成长的优秀公司，在基础要素上都具有简单、稳定的特征。或者说每个基础要素简单、稳定是产生优秀公司的内在需要"。所谓简单、稳定是指优秀的公司在每一个核心基础要素上，都是不复杂，也不是频繁的剧烈动荡。在需求特征上，都有无限长的需求周期，需求不会发生重大波动，排除了那种需求突高突低、突大突小、突有突无的复杂状态。同样，在竞争关系上有利于企业成长的状态，是一种已经实现脱离利润自由竞争阶段，由有限的竞争者形成的稳定竞争关系，而不是在一种有无限多的主体，所形成的诸侯混战式竞争关系，动荡的、混乱的诸侯混战导致必然的不确定。竞争主体有限，竞争关系简单，是优秀公司产生的必要条件。在生产工艺特征和技术复杂度方面，那些长期的成长股大部分都是几十年如一日，用同一种方法生产经营同一种产品，很少有变化，整体的产供销处于稳定的简单状态。如果自身内部的生产工艺、技术设备处于不断的更新变化之中，一般会让企业陷入复杂的难以应对的困难之中。在上下游关系上，上下游关系越简单企业越容易成功，上下游关系越复杂企业的麻烦越多！三聚氰胺对乳业伊利股份、蒙牛乳业的影响，瘦肉精事件对双汇发展的影响，都反映了复杂的上下游关系不利于企业的稳定和发展！巴菲特只买短产业链公司也是这个道理！

自然界存在着一个哲理和规律，任何一个事物其确定的未来与它的复杂度成反比，事物内在的要素越复杂，它的未来确定性越小；事物内在的要素越简单，它的未来确定性越高。当事物处于复杂状态中，它与外部世界的能量和信息交流增加，它内部要素之间的相互协调，沟通组织，变得不易实现，越是复杂的事情对内外生存条件的要求越苛刻，从而在内外条件的影响下，其自身保持稳定性和确定性的能力会降低。这是一个自然规律，事物越复杂自身所包含的变量就越多，能够对他的前途和命运产生影响的因素就越多。此种情况下，事物的未来确定性就降低了，反之事物越简单，所包含的变量就越少，从而能对其未来产生影响的因素就少，于是这个事物就有了较高的确定性。

持久的投资成功需要在资产选择时，就需要选择那些有稳定性的优秀投资对象，这些对象，在深层次的本质特征上，绝大部分都具有核心基础要素和经济投资简单的特点！

不要投资多元化公司，多元化公司违反了简单原则

中国股市有一家从天堂到地狱的公司，一开始人人看好，2015 年中期市值高达 1500 亿人民币，但到 2018 年中期市值只有几十亿，让所有的投资人都血本无归。这家公司就是乐视网，乐视网走到现在的地步原因何在？我认为就是贪多嚼不烂大搞多元化！公司搞了七大生态，而且这七大生态中，汽车、手机、电视、媒体、娱乐、体育关联度非常低，有的甚至毫无关联。乐视网在视频网站的工作经验，对于制造新型汽车一点帮助都没有。乐视网想在七个互相不关联，每一个都非常复杂的行业同时取得成功，其结果必定是不能成功。因为这违反了人类现代商业规律，人类现代商业分工越来越细，原来 72 行，现在 72000 行都不止。服务业为何大规模兴起？因为随着社会分工细化，很多公司把所做的非关键工序大量包给了社会，公司只做核心的业务，集中在一个局部创造的特殊能力，凭借在一个局部的特殊能力获得竞争优势。乐视网，短短几年从电视节目到手机，再到汽车，电视和汽车是根本不搭边的，电视是内容为本的轻资产业务模式，汽车是重资产，二者没有相同的基础，甚至二者根本没有相同性。搞电视节目播放的经营进入汽车领域，简直就是修鞋匠改行去搞作曲，很难取得成绩。

乐视网创始人贾跃亭有一种观念，认为七个生态聚合在一起会创造出大于七的效应。实际情况是什么呢？乐视体育在风投市场上曾经获得 240 亿的估值，乐视体育拿到很多的钱，有足够的资金去购买电视转播权，但这些钱被挪用到做汽车、做手机。导致乐视体育没有钱买体育赛事版权。七大业务在一起互相干扰，互相拖后腿，都不能正

常运营。所以出现这种情况在于七个公司放到一起，经营复杂程度和难度呈指数倍增，不是贾跃亭所想象的七个项目放在一起会出现协调效应！恰恰相反，七个互不关联的业务放在一起，所创造的经营难度远远大于简单代数和。

乐视网的失败只不过是重演了一个著名的观点：多元化必然走向多元恶化。为什么多元化必然走向多元恶化？因为多元化的过程是化简为繁的过程。而在逻辑上，越是复杂、越是有难度，失败的概率越大，这是一个常识。乐视网拒绝简单，走向复杂，它把一个领域变成七个领域，最后经营难度几十倍的放大，于是就不可避免地遭遇失败。所以投资要投业务单一的公司，不要投多元化的公司。

简单能在主观上使投资人少犯错误！

人仅在极易理解的简单资产面前，才能体现出智慧，我们能表现出智慧，与其说是我们自己聪明，不如说问题和环境简单易懂使我们体现出了智慧。在“可口可乐业绩会增长吗?”这个问题面前，巴菲特表现出智慧和能力，在“有色金属的价格会涨吗?”这个问题面前，巴菲特变成了白痴。巴菲特仅在“1 + 1 = ?”的问题面前表现出完美无缺的极端智慧！巴菲特最大的智慧在于，他很早就清楚地认识到他的智慧只能在最简单的问题上才能表现出来，所以巴菲特一生都在寻找并选择“1 + 1 = ?”这样问题来回答。

当资产复杂度提升 1 倍时，我的经验告诉我，投资人发生错误的可能性会提升 10 倍，当资产复杂性提升 10 倍时，投资人的错误可能性会提升 1000 倍，在这个复杂的资产面前，几乎所有投资人都会变成白痴。此时，无论你怎么努力都是白费劲，我们不能相信一个白痴通过努力就可以实现目的，我们的出路在于把自己当傻子，只选择傻子能明白和理解的考题，只选“1 + 1 = ?”，在“1 + 1 = ?”的问题面前，所有的傻子都变成了智者，且傻子与博士没有任何能力差别，考题的简单让博士的能力优势荡然无存，如果你一生都视自己为傻子，一生都只参加“1+1=?”的考试，在试题变化时拒绝参考，那么你就是下一个巴菲特。我对此确信不疑。

巴菲特说过：“许多人有更高的智商，许多人工作更长的时间，但是我能理性地处理事物。为什么一些聪明人在做事情的时候却不能获得他们应该得到的结果呢？他们自己在妨碍自己。我不试图超过七英尺高的栏杆，我到处找的是我能跨过的一英尺高的栏杆。”我们都认为巴菲特的智力和能力应该是全世界60多亿人口中排名前100位的，但是巴菲特在具体的投资实践中，始终是把自己的智力、能力设定为全球60亿人口中排名倒数100的人，巴菲特的长期稳定高收益，在某种原因上“自我轻贱”是重要的根源。这种如履薄冰不敢进入复杂的、有难度的领域的做法，让巴菲特永远不会遭遇他处理不了的危机和风险。一个真正有智慧的人，其实都是自我轻贱的，凡是认为自己能够“到中流击水激水，浪遏飞舟”都是没有真正的智慧。

与巴菲特相反，有相当一部分投资人遭受损失是因为所投资的公司太复杂，不具有简单的特征。2011年在遥远的利比亚，因内部矛盾导致利比亚危机，这个看上去和中国投资人没有关系的事情，却直接造成中国企业连带中国投资人遭受重大损失。据报导，中国上市公司包括中国铁建、中国建筑等在利比亚有合计500亿元的商业合同，危机暴发后仅中国建筑一家公司在利比亚就有200多亿元因未履行合同陷入了无法预知的状态。中国建筑的损失包括设备丢失、在建工程被毁，损失至少有几十亿元。至此由于利比亚危机给中国建筑带来的损失几乎完全由投资人买单。

不是中国建筑不努力，不是它的股东缺少理性，主要是因为这类企业是全球施工，必然会受到全球政治动荡和地区政治危机的影响，此类风险内在的存在于在全球开拓业务的企业的基因层面。利比亚危机不仅投资人无法提前预知，而且中国建筑的管理层，甚至中国外交部都没有办法提前预知。追根结底这类公司没有“简单”的特征，从而在客观经营上没有特别强的可预期性，企业经营过程中随时有可能发生任何意想不到的事情。由此，投资人在主观上也没有办法提前预判，能够被投资人提前预判的一定是在客观上很简单、很确定、很少发生意外，甚至完全不发生意外，中国建筑公司在基础特征上不是这样的。

事实证明，如果企业基础要素不具有简单特点，客观上企业不会有经营稳定性，从而也必然不会有经营确定性，企业基础要素不具有简单的特点，使投资人很难把握，投资人会无法判断、理解和应对。

简单原则的重要性，被大幅低估

我有一种认知，投资实践中，简单的对投资对象、简单的选股原则、简单的操作方法、简单的投资组合、简单的目标、乃至在这些具体行为背后的简单思维方式是投资成功的战略基础条件。我认为用简单原则处理与投资有关的一切问题是投资成功的根本保证，如果在投资实践中处理各种问题的方法和指导思想不是简单的、是复杂的、是费事的，往往可能说明投资人已经脱离了正确的轨道，从而不能成功。遗憾的是大部分投资人并没有意识到简单的价值，大部分投资人忽略了简单地意义，从而大幅低估了简单的作用。

巴菲特说过：“我认为，格雷厄姆有三个基本的思想（作者注：第一、公司决定股票，买股票就是买公司。第二、价值决定价格，价格最终会回归于价值。第三、投资的关键是安全边际，风险越小收益越高)。这些思想没有一个是复杂的，也没有一个需要数学才能或者类似的东西。商学院非常重视复杂的模式，却忽视了简单的模式，但是，简单的模式却往往更有效”。

上面这句话中，巴菲特想要告诉人们的是：简单、复杂与质量高低，存在一种内在对应关系。简单和优质，复杂和劣质有内在的对应关系，这与大家的认知是相反的，大家认为复杂的方法，可以确保更高的质量，巴菲特基于他的成功经验认识到的真理是，复杂直接意味着没有质量，简单是高质量的保障。

巴菲特还说过：“尽管用来评估股票价值的公式并不复杂，但是在估计未来现金流时很容易出错。在伯克希尔我们采用两种方法对付这个问题，第一我们努力固守于我们可以了解的公司（作者注：指能力圈)，它们的业务本身具有简单而且稳定的特点（作者注：指简单原则)，如果企业主营复杂而且产业环境也在不断变化，我们实在没有足够的聪明才智去预测它的未来现金流量。”

巴菲特把简单的原则作为他一切工作的出发点，如果一个事物和一个决策本身不具有简单的特点，此种情况下巴菲特就不再做这项工作，简单与否成为巴菲特是否进一步参与这个事情的首要决定原则。对巴菲特来讲，只有简单，巴菲特才产生兴趣，并投入精力，否则巴菲特会敬而远之。

作为一个私募基金，我曾思考过一个问题，对于资产管理公司，什么样的投资决策体制最有质量？为什么投资大师格雷厄姆、巴菲特、芒格、罗杰斯、费雪的投资管理公司都是作坊式的个人决策体制？

格雷厄姆纽曼公司做为全球价值投资的鼻祖，在格雷厄姆退休后该公司随即关闭，显然公司的中枢是格雷厄姆，决策完全是由格雷厄姆个人决定。巴菲特、以及曾在格雷厄姆公司工作过的价值投资成功者们，在格雷厄姆纽曼公司里面都只是小伙计，格雷厄姆不需要他们参与核心决策。费雪的公司从公开媒体报道看也是一人公司，1931 年 3 月 1 日，费雪终于开始了投资顾问的生涯，他创立费雪投资管理咨询公司。他的办公室很小，没有窗户，只能容下一张桌子和两张椅子。另外，据相关报道，在美国很多管理 10 亿美元资金的公司有很多是纯个人决策。这些客观现象证明作坊式组织机制下的个人决策成功率非常高。由此产生一个问题，为什么作坊式组织体制反而容易产生大师，容易成功?

我发现大师都是创立或者继承了某一个确定能赚钱的理论并终身坚持，格雷厄姆提出并终身坚持安全边际理念，他的行为模式终身依托于安全边际。费雪创立了成长投资理论，终身坚持成长投资，巴菲特继承了格雷厄姆和费雪，终身不走出这个体系。大师们终身坚持着一个必定赚钱的规律性理论，终身重复着这个规律性理论，不在自己理论之外尝试相关的新东西，不关心自己理论及相关行为模式之外的任何事情，投资机构的问题是没有认识到这个道理，它们认为面面俱到、无所不知、关注一切是必须的。因此它们没有一个有生命力的核心理论，也就不可能终生坚持一个理论，它们关心所有问题、研究所有问题，必然人手不够，必须需要很多人。一方面，它们的基础理论信仰本身没有生命力，从而内在的缺少成功的逻辑。另一方面因为有很多的工作人员，必须进行组织管理，人际关系沟通，这样就会增加内耗。

投资大师一生都不忙乱，辉煌的投资成就只是靠有限的几个正确决策实现的！1955 年费雪买进的德州仪器到 1962 年升了 14 倍。20 世纪60年代中后期，费雪开始投资摩托罗拉，持有21年，股价上升了19倍，不计算股利，折合每年平均增长15.5%。费雪20年间做了两个投资决策，巴菲特一辈子也就做了几十个投资决策，而格雷厄姆的投资决策虽然稍多一点，但他的决策原理、决策逻辑和依据始终是不变的。事实上，如果一个人一辈子只做二十个以内的决策，那他完全没有必要找第二个人协助自己。大师们都简简单单的思考、简简单单的决策，在作出决策后简简单单的等待！他们不积极地施展自己的能力、技术，而是做出有限的很少的决策就奠定了一生的成功。在成功后他们同样过着简简单单的日子。

我认为大师们以作坊模式的个人决策能够成功最大的秘密是，终生信仰、坚持简单原则！大师们的投资理念是单一的、投资模式是简单的，所以组织体系、决策方式也自然是简单的。大师们证明了一个道理，有生命力、正确的投资理论和方法，一定是简单的，一定是不复杂、一定不需要很多人参与讨论的！对此，巴菲特有句名言："任何一位卷入复杂工作的人都需要同事。当我有难以决定的问题的时候，我会关起门来站在镜子前面和镜子中的自己商量，而不是请大量的咨询公司。"

远离复杂、立足简单是最基础的成功投资原则

全球超一流投资大师的共性，是将简单贯彻到他们工作、生活、思考的任何方面，他们共同拒绝复杂、远离复杂，这是他们真正的大智慧。这几个大师的智商不见得是全人类最高的，但他们终身只和简单的事情打交道，终身都想简单的问题，所以他们取得了无人能及的成就。我现在知道什么是真正的智慧，智慧和知识并不一样，一个有

知识的人可能无智慧，终身远离复杂，终身参与简单，把简单贯彻到生活、投资、交友等一切方面是人生的最大智慧，甚至是最高智慧。

现在我用简单原则为大家选择了一家适合长期投资的公司。

某年秋天我游览了香山，这是一个金色的秋天，极目望去，香山被郁郁葱葱的森林所覆盖，黄叶、红叶以及零星的绿叶交织，呈现给游人梦幻般的境界，在收获了自然美景所提供的享受之后，在游览的过程中我也有一些其他感受：

香山的门票是十元，在国庆期间因红叶的吸引所以游客很多。浏览过程中，我发现整个香山公园的工作人员大体为售票员、收票员、清洁人员和索道管理人员。如果没有索道，香山公园这个企业所需要的工作人员的受教育水平为高中即可。如果以国庆期间的人流量为标准，每天毛收入预计达到百万，除了基本成本，预计净利润为八九十万元。

这时我就想，如果香山公园是个上市公司，那么绝对是一个良好的投资标的，从长期来看，如果物价上涨、公司经营水平提高，香山的门票也会适度提高，比如十五元，甚至更高，游客并不会有异议。门票价格提升，但香山的工作人员人数不变，因此提升的票价几乎可以全部转化为利润（工作人员的工资和其他上涨费用占比较小，可忽略不计）。

香山就是一座长着绿植的大山，作为经营性资产，再过五百年它也不会有什么折旧，不仅如此，树木可能变得更加郁郁葱葱，环境会更好。所以，没有折旧费，也不需要借钱，更不需要什么复杂的技术，谁都可以去经营它，甚至可以不设任何管理层。这就是我在浏览这座名山时的感触，我认为像香山这样的资产才是最好的投资对象。

作为投资人，如果以合理的价格买入了香山，相信随着社会生活水平的提高，旅游占生活支出比重能增加到10%，因通货膨胀的客观存在，那么价格会提升，一旦价格提升，折算下来每年会有15%的净利润增长，加上资产的高确定性，所以是很好的投资标的。反过来如果股市在“市场先生”发病的时候，出现了离奇的价格你再顺势低买。香山公司在自然成长和顺势低买两股力量作用下可以实现复合增长率20%，这是非常可怕的收益率，所以我们说只有像香山这样的资产才是真正值得关注和重视的资产，而不是其他复杂资产。其他复杂资产也并不是说没有投资机会，只是说这种投资机会就资产对象本身来说缺乏高确定性。在资产本身没有确定的情况下，股价波动的复杂性大幅增长，人能够准确把握的难度大幅提升。

买轻不买重

巴菲特买的公司的收入进一步增长，利润的扩张，企业的壮大基本上不需要在人力、物力、财务、技术开发、设备投入、厂房建设等投入巨大的资源和力量。大部分公司不是重资产行当，都是轻资产行当。

华盛顿邮报在这个问题上的代表性非常鲜明。一份报纸的成本包含办公、记者、编辑、排版等费用，但随着报纸发行量的扩大，成本并不同步增加，业务规模无限扩大中，成本相对锁定，一万份华盛顿邮报的成本和一百万份华盛顿邮报的成本差不了特别多。

芒格在投资历程中曾提出一个问题，一个拖拉机制造企业要扩大业务规模，前提是先花钱买配件、建生产线、买厂房设备、培训员工，之后生产出拖拉机来，拖拉机能不能卖得了不得而知，但卖拖拉机必须得先投入生产拖拉机的资金，而且想扩大产量也必须同步扩大资本支出，于是这类企业就不好成长。

巴菲特显然也看到这类问题。他的重仓股选择不依赖于大量的资本支出、人力、财务的投入，业务量扩张的过程中少量的投入，甚至于不投入就可以扩大收入和利润，从而使得企业的发展过程中增加的收入大部分转化成了利润。

我们可以再看一下可口可乐这家公司，可乐与华盛顿邮报不一样，要想增加可乐的销售，还必须得增加生产车间、厂房和原料，比如可乐扩张到中国的过程就是在中国大量的建厂进行灌装。

包括很多连锁企业，比如沃尔玛、苏宁这些历史上的杰出成长股大多是要想业务量扩大必须扩张门店，表象是如此，但实际上这类扩张是无风险的复制，它不需要业务模式的创新、不需要技术的创新、不需要经营方式的创新，是对原来已经无限成熟、无限规范的业务模式、生产工艺过程在异地，在新市场领域的扩张。在这个扩张中，一般来说几乎没有风险，因为是此前的成功拿过来的重新利用，它不是进入一个陌生的行业，不需要陌生的工艺技术、管理，它是在这个企业积累了几十年固有的成功优势和被市场完全证实可行的一套方法、原则的重新复制和再利用。

所以，虽然这类企业业务量的扩张需要额外支出一些成本，但这类成本是保障的支出，是有一系列成功经验做保障的再复制，新开的店的风险极低，而且共享了原有公司所有的软资源，如信息资源、品牌资源、管理资源，扩张过程中固然有一些费用投入，但是它几乎是轻车熟路的重新复制，从而成功率非常高。因此，适当的支出一些成本，只是这些资本的经营运作过程是原来老的模式的重演，没有新风险，一旦产品出来马上就可以转化为利润，这类企业也是轻资产公司。

为什么只买轻资产公司

主营收入不断增加的企业，企业的利润就一定增长吗？答案是否定的！常识告诉我们，只有企业巨大的收入没有被更大的成本支出、费用支出吞噬掉，企业才能将不断增长的主营收入转化为利润。

如果企业的收入不断增加，同时成本也不断的增加，甚至成本比收入增加的还多，那么这种情况下企业的利润不仅不能随收入增加而增加，反而有可能降低和减少。只有收入大幅增加，成本基本不增加或者小幅增加，企业的利润才能增加。

这就是为什么巴菲特买轻资产公司的根本原因，轻资产公司其最基本的经营特征是企业的成本支出不与收入的增长同步增长，企业在很少的一部分费用支出后会引发大的收入增长。一个重资产公司，它为了获利收入增长，需要大量的投资，这样大量的成本、费用、工资吞噬了主营收入增长，无法形成利润的增长。巴菲特一身投资实践中有一个重要的投资类型，在20世纪70年代到90年代大量持有，并且回报非常巨大，就是媒体类公司（但是进入90年代后开始退出媒体类公司，退出原因后文分析）。

以下是巴菲特历史上所投资的媒体类公司的仓位比例、持有年限、最终回报和具体公司所属的子行业类型。

1977年到1979年，持有三年，平均仓位占到4.7%；1984年到1995年，持有12年，平均仓位占到21.75。

2005 年－2008 年盐湖钾肥盈利能力（单位:%）

公司名称	持有年报	平均仓位比例	投资回报（%）	所属子行业
资本城/ABC 公司	10（86－95）	25	615	电视台
埃培智集团的公司	8（77－84）	5.18	995	广告传播
出版物附属公司	7（79－85）	2.6	1484	出版
时代公司	4（82－85）	6.5	158	周刊
奥美国际	5（79－83）	1.8	397	广告
大众媒体公司	5（79－83）	1.5	251	媒体
首都/美国广播公司	12（84－95）	21.75		广播
首都/美国广播公司	3（77－79）	4.7		广播
甘尼特公司	1（1994）	2.61	9	报纸
时代镜报	1（1980）	1.18	41	报纸
华盛顿邮报	32（77－08）	7.5	6027	报纸

（注：美国广播公司，分别在1977年－1979年和1984年－1995年进行了二次买卖，中间间隔了几年时间。图中所列的持仓量均为平均持仓量，因为每年的持仓量都在变化。）

图表清楚的反应出，巴菲特在媒体类公司上的投资出手很重、投资回报很高，投资公司数量也较多，整体上是成功的。巴菲特在媒体公司成功，揭示了轻资产致胜原理。媒体业是一个成本不会随业务量增加同比例增加的行业，如果报纸的发行量增加一倍，唯一与发行量同比例增加的是印刷费用增加一倍，而编辑、排版、人员方面耗用的成本几乎是不变的。而对于出版公司来讲，出版物发行量在一百万册和一万册，与销售量同比增加也的印刷费和版权费，其他的编辑费用、策划费用等都不会同步增加。媒体公司的特征使得一旦经营的好，在读者和客户树立了认同，客户的消费量增加的时候，利润会大规模增长。媒体公司的特点，反应了轻资产公司业务量增长过程中，利润额会更快增长的特点。

买每天都可以随时接触到的公司

巴菲特所持有的公司都是巴菲特任何时间都可以接触到的公司，我们发现巴菲特的核心重仓股中没有一家公司的产品和服务不容易接触到，是只要你想接触随时都可以接触它的商品和服务，了解它是很方便的，没有认知上的困难。

这是巴菲特的一天：

清晨巴菲特从床上起来，首先进入卫生间使用了宝洁吉列的产品进行梳洗，之后巴菲特来到了餐厅，喝了一瓶可乐，吃了一些汉堡，接着拿起了一份华盛顿邮报阅读当天的报纸，之后，巴菲特出门办事。

在办事的过程中，他用运通卡结算，在富国银行进行资金处理。在这个简单和普通的一天里，巴菲特方便的，甚至是必然的接触了所有足矣了解他所重仓投入的公司所提供的产品和服务的质量。

有很多投资人提出巴菲特的长期投资成功在于他通过大量持股成为被投资公司的董事，这应该不见得没有道理，但是需要指出的是巴菲特一开始买任何一个公司时，他都不是这个公司的董事，而巴菲特一买时量是很大的，很显然，巴菲特的决策是在成为被投资公司董事之前就完成了，他是在没有成为被投资公司董事的情况下完成的战略决策。

这个决策过程是巴菲特以普通投资者的身份完成的，为什么以一个普通投资者所做的投资决策质量这么高？因为被投资公司具有可研究、可把握、可判断、能接触、能感知的特点，正是这些特点让巴菲特能够容易判断，避免了很多认知错误，这一点是我们需要高度重视的。

买上下游关系极其简单的短产业链公司

巴菲特所投资重仓股的上下游关系非常简单，重仓股中没有一家公司处于漫长且复杂的产业链中间。我们看可乐，可口可乐的原料是水和糖类，我们不能想像糖和水这两个最主要的原材料会有稀缺的问题，也不能想像水和糖本身会有什么复杂的供需变化，不可能说水的供给发生了无法预期的复杂情况，糖也是最基础的商品，全球各地都能生产，绝不会被某一家公司垄断起来逼迫可口可乐接受某个高价，某一个地区的甜菜、甘蔗减产，马上会被另一个地区的甜菜、甘蔗补充。于是，可口可乐不可能受到上游供货商的制约，上游供货商某一家出了问题，新的供货商很快会替代，这就是产业链短的好处。

2018 年，中国通讯设备商中兴通讯遇到了麻烦。2018 年 4 月 16 日晚，美国商务部发布公告称，美国政府在未来 7 年内禁止中兴通讯向美国企业购买产品。4 月 20 日，中兴通讯发布公告称受美国拒售令影响，公司主要经营活动已无法进行。中兴通讯的基础芯片大部分来源于美国公司，且上游特别强势，有核心技术，当下国内企业可替代性很低。有着复杂上下游关系的企业，在处理上下游关系时，就会涉及到企业与上下游的相互地位，谁是上下游关系中的强势方，谁是弱势方？讨价还价的主动权就掌握在谁手中。这种关系的强弱变化，就成为了强烈影响企业经营的风险来源。因为美国商务部禁止对中兴通讯出口几乎使其要休克的困境，在本质上是中兴通讯处于一个复杂的上下游关系中，且中兴通讯相对于上游供应商没有定价权。上游供应商是一个强势的寡头，因此上游不再供货，中兴通讯就会遭遇严重问题！

巴菲特投资的银行、华盛顿邮报、美国运通都没有原料供应商，它们本身不是一个靠加工生产转化来获利的公司，它们是提供纯服务的公司，它们经营的都是社会基础要素，这些社会基础要素都不会发生严重的风险。巴菲特后来买的穆迪评级以及铁路公司都是没有上游，下游直接面对消费者。巴菲特重仓股普遍存在的上下游极端简单的情况绝非偶然，而是饱含着深刻的价值投资原理。巴菲特重仓股的下游都是直接面对着大众消费者，而且这些产品都是大众所必需的，无论金融危机，无论社会发生什么样的变化，巴菲特重仓股公司所提供的商品都是不太容易受到影响的。于是就造成巴菲特重仓股经营环境比较稳定，同时也不依赖于很复杂的供货链，这样就不会因为产业链发生问题传导给企业，这一点是巴菲特重仓股的重要特征。

为什么只买短产业链公司?

首先，在复杂的长产业链中，企业遇到强势的上下游关系，是很难掌握自己的命运的，往往受制于人，上下游简单的好处是企业不会受到强势上下游企业的挤压和盘剥。

中国的的世界级企业命运为什么很悲惨?

大家可能会说世界级企业的命运怎么会是悲惨的呢？微软、可口可乐这些公司哪一个过得不是无比幸福，怎么到中国这些世界级企业就非常悲剧呢？实际情况是中国的一系列世界级企业确实是很悲惨。在中国东南沿海地区已经产生了大量的世界级鞋类企业、世界级内衣企业、世界级小商品等企业，它们的市场份额占到全球需求的三分之一，甚至一半，它们在自己所处行业具有明显的竞争优势，但是命运非常悲惨，它们的利润水平很低很低，只要原料价一涨，工资一涨，这些企业马上就可能亏损。中国的这些在本行业有极强竞争优势的企业的悲惨命运，主要是它们在上下游关系上处于劣势，不能控制原材料价格，像石油、钢材等基础原材料料都控制在别人手里，因此，在采购过程中不能形成有利于自己的价格，在供货商面前不能砍价。在销售商品的时候，销售大部分依赖于沃尔玛、家乐福和其他国际代理商，没有办法凭借生产规模优势改变自己在产业链上的地位，因为上下游企业实在太强大了！虽然做到了全球第一的地位但不能改变它们对上下游企业的谈判地位。命运握在上下游手里，企业没有办法按照自己的意愿控制下游经销商，所以在中国大量存在的世界级生产制造企业，日子过得都很提心吊胆。

中国的这些在本行业有极强竞争优势企业的被动和困难，归根结底是因为它们在产业竞争结构中面临强势的上下游，上下游的谈价能力太弱，企业的利润和命运都控制在上下游关联方手里，企业的利润被上下游掠走！写到这我进一步抽象出一个“更一般”的思想：“比竞争优势更重要的是长期经济特征优势，只有在有经济特征优势的基础上，形成的竞争优势才是有意义的”。搞价值投资的人，没有人不知道长期竞争优势的重要意义，某种程度上讲，价值投资人追逐、凭借、依赖的是有长期竞争优势的公司来获得利息，但是在我长期思索之后，认识到一个不被人重视的重要问题，很多有竞争优势的公司不带来股东利益，单方面强调竞争优势有可能是一个不正确的认知。

存在着大量的无效竞争优势。自来水公司、地铁公司、电网公司，水、电、地铁没有竞争对手，它们完全垄断了市场，只有一家公司经营是确立了最强大的竞争优势，然而这些公司并不能持续成长，也不能给投资人带来明显的超额利润，但是有竞争优势。全球最大的圣诞树公司、全球最大的皮划艇公司、全球最大的一些小的日用品公司，这些公司都在中国，都具有明显的竞争优势，否则其不能成为全球最大！它们把行业第二名第三名甩的很远，是绝对的行业老大。但是他不能带来投资利益，此类企业都没有成为优秀的成长公司，也没有良好的股东回报。我还发现中国最有竞争优势的钢铁企业宝钢，在上市以来给投资人提供的长期回报也比存款强不了多少，也就是中国最有竞争优势的钢铁企业宝钢也没有导致必定的长期回报。

大量存在的世界级生产制造企业虽然有巨大的经营优势，但是没有长期投资回报，核心根源就是它们所处的行业的基础经济特征具有不利于它们成长的特点。由此我提出一个观点：“只有在有利的长期经济特征优势下，取得的竞争优势才有意义，单纯的竞争优势是不一定必然导致投资价值的。我们必须接受只有拥有长期经济特征优势的前提下竞争优势才有意义，竞争优势必须与长期经济特征优势结合，二者缺一不可。成长股选择基本方法是，以基础的长期经济特征优势为根基，在长期经济特征有优势的前提下，关注企业的竞争优势是否存在。”

巴菲特曾说："可口可乐的命运是必定如此的，这并不意味着我贬低公司必须继续在销售、包装、产品领域和开发领域实现创新工作的重要性，但是这个公司的客观经营条件决定了它们的未来是必定如此的。领导能力本身提供不了什么必然性，看看许多年前的通用、IBM所经历的震荡，这些公司都有一段长期的成长。但它们不能成为必定如此的公司"。(摘自《巴菲特致股东的信》)

在巴菲特看来，一个长期可投资的公司一定是它基础的经济特征具有不可改变的优势，这些不可改变的优势导致了长期确定性，巴菲特一生都强调管理层优秀，可是最根本的长期确定性不来自管理层，而是来自于长期客观基础经济特征优势。钢铁业、汽车业、服装鞋帽制造业之所以产生不了成长股，根本原因是这些行业的基础特征不利或者不能产生成长股，在这些行业取得竞争优势对投资人毫无意义。

那些圣诞树企业、赛艇企业、纽扣企业是有经营优势的，可是他们客观的经济特征没有优势，它们即便有竞争优势也不能成为成长股，一切都是先天的基础条件决定的，这个观点我一度怀疑，难道努力经营、努力管理不重要吗？思考后我最终认定，努力的经营管理也重要，但是这个重要性是第二位的，第一位是你在哪里经营，你从事什么项目，这个项目有什么优势特征，当这个项目没有优势特征你经营能力跟再强也不行，反之当这个项目的特征有长期无法替代的优势之后，有优势的经营就会有好回报。客观的基础经济特征优势才是投资者应该追求的！单纯有经营优势的公司不必然带来股东回报，只有在有经济特征优势的基础上，形成的竞争优势才是有意义的。成为全好世界最好的鞋匠、牙医、裁缝会衣食无忧，但不一定特别富裕，而成为世界上最好的蓝球运动员、演员、投资基金经理必定会取得巨大的经济效益。鞋匠、牙医、裁缝、球星、演员、明星投资经理他们都是所在行业中的老大，但同样是老大，经济命运则有天壤之别，这其中包含的道理是只有在有经济特征优势的基础上，形成的竞争优势才是有意义的。

除了上文列举的一些生产低端商品的世界级中国企业，我们再看看联想的情况。

联想控股自从收购了 IBM 后之后，已经变成世界级最大个人电脑生产商。据说有一年联想的采购人员亲自组织了一个强大的谈判和采购团队，前往美国的英特尔公司，就大批采购 CPU 与英特尔公司谈判，联想以采购规模巨大为条件，要求英特尔公司给自己一个优惠的价格，经过艰苦的谈判，双方达成了协议，联想谈判人员和后方总部的高管们对谈判结果非常满意，大家认为这样的价格非常有利于联想与同行的竞争中取得优势。于是联想的赴美代表团凯旋登机返回中国，然而经历了十多个小时的越洋飞行，当联想的代表团乘坐的飞机在中国落地的时候，他们听到了一个永远想不到的消息，就在几个小时前，英特尔宣布芯片降价。联想从天堂掉入了地狱。联想到今天也没有摆脱在产业链上受制于人的命运！因为它本身处于一个复杂的产业链上，该产业链上的企业非常强大！导致联想对上下游命运谈判无优势，从而导致联想的利润率非常低！

其次，短产业链、简单的产业链发生风险的概率低，对环境的依赖度差。由于它对上下游企业的信赖度低，所以当环境发生动荡的时候不至于受牵连和波及。假如是在一个复杂的长的产业链中，产业链中任何一个环节出现了任何问题都不可避免地影响到被投资企业。复杂的上下游关系潜藏着一种不易被觉察的风险，从规避风险的角度，需要找寻那些上下游简单的公司。

我们可以看一下中国乳业的三聚氰胺事件，中国猪肉产业双汇的瘦肉精事件，都严重的影响了企业的信誉和商品经营，但实际上这两个事件都不是企业本身有意做出不利消费者的事情，而是企业的供货商和上游原材料把问题和麻烦转嫁给了生产企业，造成了生产企业的困境和麻烦。中国乳业和猪肉产业本身的产业链比较复杂，不可控制，于是上游供货商的问题直接变成了生产企业的问题。金融危机发生时，很多机械制造企业都发生了困难，这些困难包括两个方面：第一，金融危机使需求严重萎缩；第二，机械制造企业有大量的库存钢铁、铜、铝等金属材料，库存由于需求萎缩不能快速转化为商品，而金属材料在金融危机影响下价格大幅下跌，于是很多机械制造企业的原材料价值大幅贬值，造成了材料损失。

振华港机等一些著名的机械制造企业，都是这样深受金融危机的打击，这种打击背后根本的原因就是它们的产业链比较长、比较复杂，很多机械制造企业都是在一个很复杂的产业链中作为这个产业链的一个环节，无论是产业链的上游还是下游发生了问题，作为中间环节的公司立即受到产业链波动巨大的影响。

反观巴菲特的重仓股，就完全不存在这种情况，所有重仓股的下游消费都是直接面对着大众消费者，而且这些产品都是大众必需需要的，无论金融危机，无论社会发生什么样的变化，巴菲特重仓股公司所提供的商品都是不太容易受到影响的。像华盛顿邮报、美国运通等公司，都没有原料供应商，它们是提供纯服务的公司，经营要素都是社会基础要素，这些社会基础要素都不会发生严重的风险。于是就造成巴菲特重仓股经营环境比较稳定，同时也不依赖于很复杂的供货链，这样就不会因为产业链发生问题传导给企业，这一点是巴菲特重仓股的重要特征。

巴菲特的长期投资原则确保高成长低风险

回看巴菲特的几大选股原则其实可以简单的分为两类。一类是确保企业成长的原则；第二类是确保企业有高确定的低风险和无风险的原则。两个原则辩证统一为巴菲特选择出了高确定性、低风险但又具有持续永续成长的投资对象。

证券投资的基本的观点是投资对象只有是高成长低风险的情况下才是最优的，巴菲特的选股恰恰是既关注成长，另一方面又强调了低风险。既从风险角度思考，又从成长角度思考，二者合一创造了巴菲特的投资神话。

最佳投资机会是在风险度上最小，收益度上最大。从风险度和机会度的关系中寻求最优，收益与风险是手心手背的关系，永远不可分，只有知道风险度多大，并且克服风险才能获取收益。没有有效的认识风险且不关注风险，直接追求收益往往是受其害，收益就是跨越风险之后的利得，而风险是收益不能兑现时的损失，是完全一体，是互相依存，是同体互根。所以必须从风险收益两方面看。

要确保既要高成长同时又要低风险。巴菲特关注企业的成长，但巴菲特同时还更加强烈地关注企业的稳定性和确定性成长。不稳定和不确定就是风险，巴菲特的选股思路中有一半是用来追逐成长，包括快速消费品原则、超级寡头原则、轻资产原则。另一半是用来追逐低风险，包括短产业链原则、产品工艺简单原则、产品单一原则。

投资实践中一定要坚持成长因素和风险因素结合思考，同时关注辩证统一。巴菲特的选股原则中对高成长和低风险给予了同样的重视，这也是巴菲特重仓股长期屹立不倒的根源。

其实，买大、买垄断和买轻资产的原则既是确保企业的成长性，又是为了减少企业的风险，高度垄断的大公司其抗风险能力强于小公司，这是产业界的基本常识，轻资产由于资产少所以引发风险和问题的环节也少，轻资产既有利于快速成长，又不易产生过多的问题和风险。

我用巴菲特的原则获利和避险的经历

长期投资需要在基本面改变时卖出。

下面我通过自己长期投资获得利润，并规避了巨大的几乎是灭顶之灾风险的一个案例，来说明长期投资需要在基本面改变时卖出。先看我所投资的这家公司2005年到2008年之间的（月线）走势图。

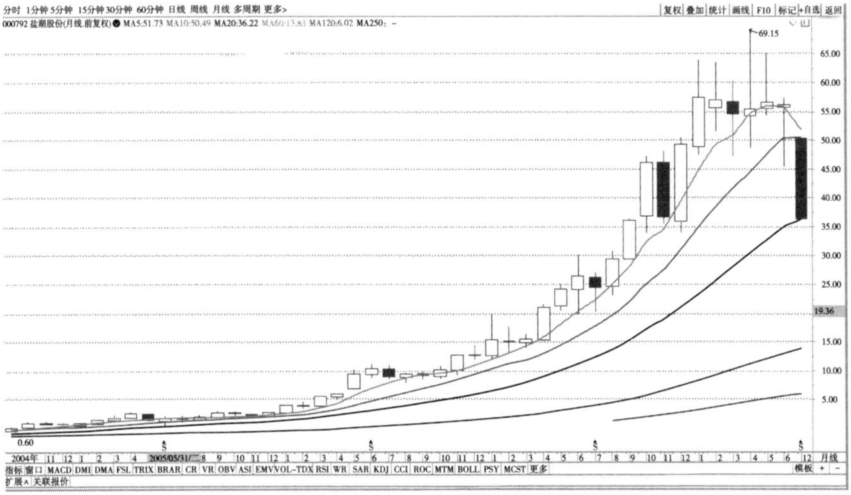

图4-11　月线图（2005年—2008年）

你可以看到，短期的几年之内大幅上涨了80倍。上涨的原因是该股的经营业绩和利润率越来越好：

2005年－2008年盐湖股份收入和净利润（单位：亿元）

年份	主营收入		净利润	
	金额	增长率%	金额	增长率%
2006年	25.96	63.87	13.77	71.3
2007年	31.09	79.76	17.25	25.31
2008年	40.69	30.86	25.51	47.82

2005年－2008年盐湖钾肥盈利能力（单位:%）

年份	毛利率	净利率	净资产收益率
2005年	67.78	50.73	31.28
2006年	68	53.04	39.07
2007年	70.6	55.49	41.24
2008年	77	62.69	47.49

在业绩和股价同步大幅上涨的过程中，我本人一直持股不动，因此大获其利。过了几年，该公司的股价走势和业绩变成状态：

图4－12 月线图（2009年—2018年）

盐湖股份历年收入和净利润（单位：亿元）

年份	主营收入		净利润	
	金额	增长率%	金额	增长率%
2006 年	25.96	63.87	13.77	71.3
2007 年	31.09	79.76	17.25	25.31
2008 年	40.69	30.86	25.51	47.82
2009 年	45.6	12.07	20.92	-18
2010 年	58.8	8.59	18.62	-10.97
2011 年	67.8	15.2	28.18	51.31
2012 年	82.7	22.03	27.52	-2.33
2013 年	80.9	-2.13	10.66	-61.26
2014 年	105	29.4	13.31	24.88
2015 年	109	3.89	5.44	-59.12
2016 年	104	-4.76	2.1	-61.49
2017 年	117	12.88	-42.88	-2146.08

盐湖钾肥盈利能力（单位:%）

年份	毛利率	净利率	净资产收益率
2005 年	67.78	50.73	31.28
2006 年	68	53.04	39.07
2007 年	70.6	55.49	41.24
2008 年	77	62.69	47.49
2009 年	64.41	45.87	40.63
2010 年	57.99	37.61	28.72
2011 年	65.3	41.57	18.14
2012 年	55.8	33.27	15.85
2013 年	51.44	13.17	6.41
2014 年	51.53	12. 71	7.36
2015 年	52.29	5	2.44
2016 年	42.68	2.02	1.39
2017 年	33.52	-36.65	-20.55

股价一口气跌掉了百分之八九十。到2017年盐湖股份巨亏42亿，利润率持续走低！大家可能会觉得这一惨烈的下跌一定使我严重亏损！实际情况是我在下跌前全身而退，基本毫发无损！我成功地在其全面崩溃式下跌来临前果断离开，成功地避开了一次灭顶之灾。于是问题来了，我是凭什么避开这场足以使人遭遇巨大损失的下跌？回答这个问题要先回答我是基于什么样的理由？

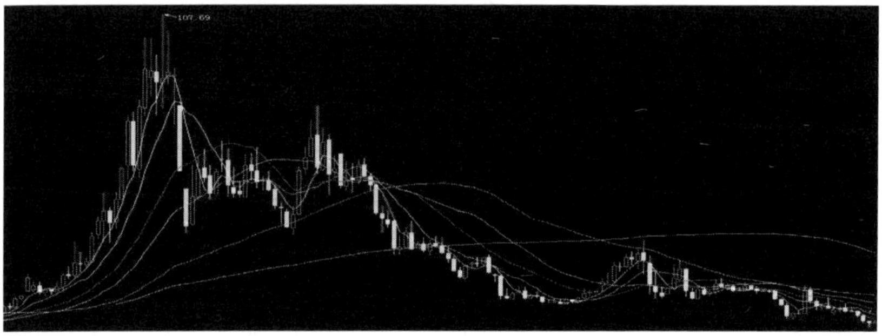

图4－13　卖出点示意图（月线图）

我之所以在低位持有盐湖股份，并一直持有到几十倍的上涨后，答案就是当时的盐湖股份完全符合巴菲特重仓股的原则，这个公司当时叫盐湖钾肥，后来因为跟母公司的一些资产合并改名叫盐湖股份。合并前的盐湖钾肥唯一的产品是生产氯化钾。氯化钾是最重要的化肥，没有氯化钾庄稼长不高，产量低。氯化钾在全球范围内的分布非常集中，在全世界范围内，只有加拿大、俄罗斯拥有储量，其他国家没有足够多的储量，而氯化钾又是农业生产过程中必不可少的化肥，是农作物的粮食，于是氯化钾是一种需求量无限大、需求没有周期性、需求长久存在与人类共始终的产品。同时，供给特别集中，全世界只有几家公司能够提供氯化钾商品，在这样的一种供给集中需求无限的供需结构中，导致这类公司的产品长期供不应求，某些时候能够提价。而且氯化钾的生产也非常简单，是一般难度的采矿业，没有什么复杂的技术。

这样的最基础的产业特征，吸引了我的目光。我在2004年开始深入研究盐湖股份公司，发现它符合长期成长股的全部特征。产品简单、产品单一、高度垄断。没有上游，直接从矿场和盐湖里挖出氯化钾就可以了，下游是消费者。大体上这个公司也算是轻资产，因为采矿需要投入大量的设备，然而这种设备投入以后就基本不用花钱了。它是一种固定式的投入。这么好的产业特征，我做了基本产业特征分析后，就认定这是一支有长期成长性的公司，所以我就陆陆续续买入。买入之后就迎来了国际市场氯化钾价格的大幅上涨，从而公司的业绩飙升，股价也飙升。这就是我持有并获利的原因。

为什么它最后出现了一种股价崩溃跌掉了百分之八九十。为什么我能在下跌开始之前离场？2008年中期，这家公司突然发布公告说，要把公司的业务和母公司的业务合并。母公司生产尿素编织袋和氯化锂氯化镁，无论是氯化锂氯化镁，还是尿素，都属于竞争激烈的商品，以尿素为例，全国上上下下有几千上万家尿素企业，没有一家能够垄断市场。所以母公司产业繁杂，从尿素到氯化钾、氯化铝、氯化镁，还有盐湖综合开发都不是单一性的公司。这种由简单到复杂的变化可以从公司的公告中看出来，下面的文字是公司发布的公告：

“1997年8月公司上市主营业务为：主营氯化钾的开发、生产和销售，兼营光卤石、低纳光卤石及其他矿产品开发、加工、冶炼。”

“2011年3月25日基本完成吸收合并工作，公司业务范围变成为：氢氧化钾、甲醇、盐酸、硫酸、液氨、液氯、液氧、液氮、液氩、镁［片状、带状或条状］、电石、液化石油气、粗苯、煤焦油、偶氮二甲酰胺、二氧化碳、硫化碱、氢氧化钠、硝酸钾、硝酸钠、丁烷、戊烷、硫磺、丙烷、金属锂、氢氧化锂的销售（许可证有效期至2019年12月20日）；氯化钾（化肥)、硫酸钾、碳酸钾、金属镁、氯化镁、氧化镁、氢氧化镁、纯碱、PVC、合成氨、尿素、氯化铵、氯化锂、碳酸锂、钠浮选药剂、ADC 发泡剂、乌洛托品、光卤石、低钠光卤石、联二脲、甲醇、次氯酸钠以及塑料编织品的制造和销售（国家有关专项规定的除外）；钾盐露天开采；建设监理、设备安装工程施工（不含特种设备），出口自产的化学品（不含危险化学品和易制毒化学品），进口本企业生产、科研所需要的原材料、机电设备、仪器仪表及零配件；酒店和物业管理；百货、针纺织品、五金交电、化工产品（不含危险化学品和易制毒化学品）、日用杂货、仓储、计算机系统工程建设、软件开发、硬件销售、维护、计算机耗材销售、技术培训、有色金属、建材、钢材的销售、房屋租赁、劳务服务；铁路运输、道路运输、危险货物运输八类。”

我看到合并公告后，第一时间感到要出大事。一个简单的、有提价权的公司就这样和一个复杂的、多元化的、没有垄断性激烈竞争领域的母公司合并，这将毁灭这家公司。这种情况与查理芒格说的："如果你把葡萄干和大便混在一起，你得到的仍然是大便。"我的担忧立即产生了。于是我们上百个投资人聚到一起，由我执笔发表了反对合并方案的声明。该声明如下：

做为盐湖钾肥的长期股东，在合并过程，因合并导致公司内在价值发生重大变化，且合并过程某些做法有不恰当之外，故董宝珍先生代表部分盐湖钾肥股东发出声音提出主张，维护权利：

业绩和股份均不能单独做为彼此换股的依据，两公司的资产性质和资产的长期赢利性，可预期性是彼此换股的最主要依据。在 2007 年里一些有色金属股的当期每股收益有的比茅台还高，这时如果把茅台和某有色金属公司合并，彼此 1:1 换股公平吗？不公平！因为茅台的经营是简单的，非周期性的，稳定的，从而有长期确定性和价值，但有色公司是复杂的，是周期性的，是不稳定的，阶段性高收益，不能保证长期收益，具有不确定性。以短期业绩做为换股依据完全没有考虑业绩背后的资产性质，资产质量的差异。事实上两个公司的资产情况对比如下：

对于盐湖钾肥来讲，它近10个亿的利润全部来源于一个产品氯化钾，氯化钾生产过程没有任何复杂的工艺，没有任何技术，只是从盐湖中把氯化钾挖出来，然后晒干，除去杂质，装到袋里就可以出售。它的销售也不需要任何广告和宣传，事实上盐湖钾肥从来不做广告。整个生产过程、经营过程几十年如一日从来不变，氯化钾几十年来没有竞争者，几十年来长期供不应求。而且任何人简单熟悉一下就可以参与经营。我们认为正是这种简单造就了盐湖钾肥持久的成长，现在与母公司的合并，彻底破坏了这种简单，盐湖集团自己网站上的公司介绍："投资90亿元，分两期建设盐湖资源综合利用项目，装置包括66万吨尿素/年装置、22万吨/年PVC装置、20万吨硝酸钾/年装置、13万吨氯化铵/年装置、7万吨/年碳酸钾装置、10万吨甲醇/年装置、10万吨烧碱/年装置、6万吨氢氧化钾/年装置（固状片碱），空分装置，配套建设供热中心。"盐湖集团先要巨额投资，同时需要复杂设备，复杂工艺，复杂技术，然而生产出来的产品均是处于激烈竞争中，常识告诉我们盐湖集团公司的经营和产品不确定性大，可预期性差，从而长期价值不确定。

因此以短期业绩做换股依据完全没有合理性！

股价从长期看是由企业内在价值决定的，但任何一个短期和瞬间股价都不是企业内在价值的准确真实反应，股价尤其是短期股价的形成机制是十分复杂的，短期股价做为两个企业合并换股的依据是不客观的。公平的换股既要考虑业绩和股价，更要考虑资产质量，盐湖钾肥的资产质量比集团好的多，目前换股方案完全没有考虑资产质量的差异。”

回头看2008年所发的观点。这篇文字阐述了资产的基本特征比短期收益更重要的理论！但是这种抗争和努力没有任何实质结果。

没有办法阻挡这次合并，当合并得以执行后，我感到企业上下游也变得极端复杂，从单一的商品变成多元化的商品，从轻资产的商品变成重资产的产品，从绝对垄断的变成了一个高度竞争的产业，在这种产业特征的重大实质性不利变化发生的时候，经营业绩的衰退是不可避免的。于是我开始决定卖出公司的股票，我卖出之后的一年多，这个公司的经营数据出现困难，漫长的衰退开始了。2017年业绩巨额亏损42亿，对此，公司的解释是："2017年实现营业收入116.99亿元，较上年增加12.88%，实现归属于上市公司股东的净利润-41.59亿元，较上年同期下降-1318.77%；出现亏损的主要原因有：生产要素价格居高不下，钾肥销量的减少；海纳"2.14"、化工"6.28"安全事故的影响，2017年生产装置大部分时间处于停产中，市场景气度较高的PVC、烧碱、水泥等均因为煤炭和天然气供给不足导致化工装置不能满负荷运行；"亏损原因中提到的原材料价格上涨，本质是上游太强势，有一个复杂的上游，安全事故本质是生产工艺复杂、天然气供给不足，这也是上游出了问题！所有的原因本质上是产业由简单变复杂导致的！

这是我亲身经历的案例，我成功的在这个公司全面崩溃之前离场。这种离场完全是因为认为公司产业特征发生重大变化，从有利成长、有利于盈利的产业特征变成了不利于成长，不利于盈利的产生特征，虽然当时还没有充分表现出业绩下滑，然而这只是时间问题，是必然要出现的。这就是长期投资人的思维方式，看问题看本质，不基于眼前当下的表面现象做决策，而是看它深层次的本质特征，深层次的本质特征就是所投资公司的产业特征和经营环境特征。

我们总是说长期投资者要站得高看得远，于是一个问题就出现了，凭什么你可以站得高看得远？那就是看本质，看它的基础经营特征、产业特征。你长期投资是预测未来，在未来没有发生的情况，你凭什么预测呢？看本质、看深刻的东西。因为未来是由这些本质和深刻的东西所决定的。巴菲特重仓持有的那些公司的特征，就是所投资公司在深刻的本质层面有优势，所以你就能成长，所以你就能无风险的高盈利。如果不是这种本质因素保护和保驾护航，那根本就没有长期确定性。

我卖出盐湖钾肥躲过下跌时，我并不知道哪一年业绩会亏损，当时业绩很正常没有变化，但是我知道它的业绩增长已经不确定了，长期看没有可预期性，公司的产业经济特征已经决定了它根本不可能有长期确定性，所以必须走，再不走就来不及了。

这就是这个案例中包含的逻辑。长期竞争优势决定于长期未来。而长期未来的研究也就变成了研究本质层面的长期竞争优势，以及长期经济特征。

结束语

熊市之后是更大的牛市
让我们在熊市中下注吧！

熊市之后的牛市往往会超越熊市之前的牛市，熊市之后继之而起的是更大的牛市。在熊市下注吧，在熊市买入吧，熊市才是价值投资的春天。如果您这样做，一般来说，您的未来的财富会很可观。

让我们思考两个小问题，熊市之前是什么市？熊市之后又是什么市？答案只有一个——牛市，这是一个永远正确的答案。世界上没有一个国家的股市不是如此，熊市只不过是两个牛市之间的过渡。特别需要指出的是，熊市之后的牛市往往会超越熊市之前的牛市，熊市之后继之而起的是更大的牛市。

中国股市1996年的牛市、2000年的牛市、2007年的牛市都创出了指数新高，而在1996年、2000年的熊市回落过程中，其最低点均没有创出历史新低，每一轮牛市的最高点和每一轮熊市的最低都比上一轮牛市的最高点高，每一轮熊市的最低点均比上一轮熊市高，这是对社会整体不断前进、经济不断发展的真实反映，未来一定会有更大的牛市出现，这是极确定的事。其中的道理并不复杂，社会总是进步，经济总是向前进的。

一个熊市之后必然有一个牛市，且这个牛市往往比前一个牛市的力度更大，既然如此，我们现在在熊市中该干什么呢？我们当然可以在悲观情绪支配下，远离股市，远离投资，然后在一个新牛市出现后和大众一起在非常非常高的点位买入股票，然后迎接新的熊市到来。我们也可以在大众远离市场、悲观气氛弥漫的熊市中坚决下注，坚决买入，默默等待时间推移牛市到来，您会怎样选择呢？

在熊市中下注吧，在熊市中买入吧，熊市才是价值投资的春天。

如果您这样做，一般来讲，您的未来的财富会很乐观！

作为本书的最后结语，我最想说的是：书中所提到的所有观点和全部内容，都是我和我的伙伴在10多年的投资实践中成败两方面经验的总结，都是结合我们的经历昼思夜想、呕心沥血得来的。我们希望由此能够实现抛砖引玉的效果，希望和盼望更多的投资人来对我们的观点进行思考，指出其中的不足，增加更多有科学性和价值的新内容，新思路，以使我们中国价值投资的理论和实践能力逐步提升。非常期待您就本书中的不足提出意见，也期待着与您就如何在熊市中进行价值投资进行交流和讨论，为方便与您进行交流，我们在凌通价值网上开通了论坛（www.ltkdj.com/bbs），作为我们一起讨论的空间和场所，期待着与您在凌通价值网（www.ltkdj.com）上相识和交流。

感谢在书稿编辑过程中，陈永廷先生的无私帮助！

感谢经济日报出版社编辑的辛勤工作！

最后真诚地感谢大家阅读本书，真诚地祝愿大家投资成功！

跋：价值投资是度过熊市最牢靠的基石

在中国资本市场18年的历史中，股市投资者随行情的起落前赴后继——有的是新来的，有的则永远离开了，也有的来了又走，走了又来……

历史总是在不断地重复。每当牛市时，人人都热衷于谈投资，言必称巴菲特，认为自己是在进行价值投资。只有当潮水退去、熊市降临时，人们才羞愧地发现：原来自己是在“裸泳”。

在中国上亿的股民中，能够在市场暴跌之后深刻反思自身错误者寥寥无几。绝大多数人可能永远也不会找到自己失败的根源所在。他们通常会因为害怕认错，而有意无意间选择了辩解或逃避。

在1929年大危机中，价值投资之父——本杰明·格雷厄姆不仅自己从百万富翁变成穷光蛋，而且所管理的基金也濒临破产。格雷厄姆痛定思痛，从失败中总结经验教训，最终建立起了价值投资的理论框架。可以说，正是空前的危机带来了空前的痛苦，空前的痛苦激发出空前的理论。

人类用血的教训换来的通常都是必须遵守的“交通规则”。价值投资理论正是证券投资中的“交通规则”。巴菲特有幸在非常年轻的时候就遇到了格雷厄姆，从一开始就接触到了价值投资的真谛——这才是他成为“世界首富”、“股神”的最大原因。

“阳光下没有新的东西。”我们所经历的困惑，前人早就经历过。尤其是对年轻的中国股市来说，无论怎样去推崇价值投资和股神巴菲特的理念，都不算过分，关键是不要“照猫画虎”、“生吞活剥”。

这些年，笔者也阅读了大量关于价值投资和介绍巴菲特理念的书籍。其中，有许多“著作”只是资料的堆砌；也有许多加入了自己的理解，但断章取义、解读错误的内容也不少。我们常常会看到，人们用正确的理论来解释自己错误的做法。许多人习惯于按照自己的偏好来理解、诠释价值投资，仅仅将其当做一种心理上的安慰剂。

《熊市价值投资的春天》就价值投资发表了许多真知灼见。在读完这本书后，笔者认定这是一本教给读者正确投资理念的好书。该书对价值投资及巴菲特的核心理念进行了正确的解读和阐述，还介绍了许多行之有效的方法。最为难得之处是，作者已将多位投资大师的智慧、哲学、理论融会贯通，并与国内投资实践相结合，以深入浅出的语言和方式娓娓道来。这种复杂后的简单、曲折后的直白，体现了作者深厚的理论、实践功底。无论你是新入门者，还是征战市场多年的老手，都能从中获益不浅。

笔者与董宝珍本不相识，只是偶然读到了董宝珍的文章，而心有戚戚焉。作为本书的作者董宝珍和他的凌通伙伴是中国股市最早的一批投资者。他们怀着成为投资家的梦想，经过一次次的阵痛和艰难抉择，终于逐渐醒悟，并寻根溯源，在实践中找到了真知。他们至今仍活跃在市场中，然而与以往不同的是——他们已洗尽铅华，回归本真。

一本好的投资书籍可以为征战股市的人节省金钱乃至生命，其价值是无形的。如果你刚进股市就读到这类书，那么，你将是非常幸运的。尤其是，如果你还很年轻，那么这可能就意味着获取巨大财富的开始。

中国经济时报　张东臣

参考书目

1.《风险投资家环球游记》，［美］吉姆·罗杰斯著．凌建平，胡利平译．上海人民出版社 2004 年版

2.《巴菲特股票投资策略》，刘建位著．机械工业出版社 2005 年 6 月版

3.《巴菲特致股东的信——股份公司教程》，［美］沃伦·巴菲特著．劳伦斯 A. 坎宁安编．陈鑫译．机械工业出版社 2007 年 2 月版

4.《价值评估》，［美］汤姆·科普兰，蒂姆·科勒，杰克·默林著．郝绍伦，谢关平译．电子工业出版社 2002 年 7 月版

5.《产业经济学》，芮明杰主编．上海财经大学 2005 年 8 月版

6.《第三次浪潮》，［美］阿尔文·托夫勒著．黄坚明译．中信出版社　2006 年 6 月版

7.《财富的革命》，［美］阿尔文·托夫勒，海蒂·托夫勒著．吴文忠等译．中信出版社 2006 年 6 月版

8.《竞争战略》，［美］迈克尔·波特著．陈小悦译．华夏出版社 2005 年 10 月版

9.《白话老子》，周生春译注．三秦出版社 1990 年 10 月版

10.《白话孙子兵法》，黄朴民译注．岳麓书社 2001 年 10 月版

感谢美国耶鲁大学陈志武教授的相关文章

图书在版编目 (CIP) 数据

熊市 价值投资的春天 / 董宝珍著 .
—北京：经济日报出版社，2009.1（2025.8 重印）

ISBN 978-7-80180-924-7

Ⅰ . ①熊… Ⅱ . ①董… Ⅲ . 股票投资 – 证券投资
Ⅳ . ① F830.91

中国版本图书馆 CIP 数据核字（2008）第 173217 号

熊市 价值投资的春天
XIONGSHI JIAZHI TOUZI DE CHUNTIAN
董宝珍　著

出版发行：经济日报出版社
地　　址：北京市西城区白纸坊东街 2 号院 6 号楼
邮　　编：100054
经　　销：全国各地新华书店
印　　刷：文畅阁印刷有限公司
开　　本：710mm×1000mm　1/16
印　　张：16
字　　数：200 千字
版　　次：2009 年 1 月第 1 版
印　　次：2025 年 8 月第 9 次
定　　价：48. 00 元

本社网址：www. edpbook. com. cn，微信公众号：经济日报出版社

本书如有印装质量问题，由我社事业发展中心负责调换，联系电话：（010）63538621